Die Phantasie lässt unser Herz strahlen
und unsere Augen leuchten.

Kathrin Wibbing

Mit schönen Worten durch das Jahr

Schöne Worte im Yogaunterricht – Band 4

Besuche meine Webpräsenz: www.w-in-flow.de

1. Band: Schöne Worte im Yogaunterricht, BoD – Books on Demand

2. Band: Mehr schöne Worte im Yogaunterricht, BoD – Books on Demand

3. Band: Schöne Worte im Yogaunterricht – Band 3, BoD – Books on Demand

Bibliografische Information der Deutschen Nationalbibliothek:
Die Deutsche Nationalbibliothek verzeichnet diese Publikation in der
Deutschen Nationalbibliografie; detaillierte bibliografische Daten sind im
Internet über http://dnb.dnb.de abrufbar.

Mit schönen Worten durch das Jahr, Schöne Worte im Yogaunterricht, Band 4

Herstellung und Verlag: BoD – Books on Demand, Norderstedt

Korrektorat: Petra Wibbing

ISBN: 9-7837583-63092

Inhaltsverzeichnis

Einleitung

Herzlich Willkommen, liebe Leserin – lieber Leser.

Mit großer Freude und Dankbarkeit darf ich dir nun hier den vierten Band der Reihe "Schöne Worte im Yogaunterricht" präsentieren: "Mit schönen Worten durch das Jahr". Die Resonanz auf die ersten drei Bände war überwältigend, und die Reise, die wir gemeinsam durch die Welt der Meditationstexte angetreten haben, war für mich eine wahre Bereicherung. Seit der spontanen Idee Anfang 2019, Meditationstexte zu veröffentlichen, haben über 9.000 Menschen die ersten drei Bände erworben, und die positiven Rückmeldungen haben mein Herz berührt.

Es erfüllt mich mit großer Freude, mir vorzustellen, wie Yogalehrer-innen die Meditationen in ihren Unterricht integrieren und ihre Teilnehmer-innen mit strahlenden Augen aus der inneren Reise zurückkehren. Diese Vorstellung ist meine Motivation, weiterhin inspirierende Texte zu teilen.

Wenn auch du dich von dieser Energie angesprochen fühlst und vielleicht den Wunsch verspürst, eigene Texte zu schreiben, lade ich dich herzlich ein, meine Webpräsenz zu besuchen. Dort findest du Informationen zu verschiedenen Veranstaltungen für Yogalehrer-innen, die größtenteils online stattfinden. Aktuelle Termine und weitere Details sind unter www.w-in-flow.de verfügbar.

Möge dieser vierte Band "Mit schönen Worten durch das Jahr" für dich eine Quelle der Freude, Inspiration und inneren Erfüllung sein. Ich wünsche dir viel Freude beim Entdecken und Anleiten der Meditationstexte.

Namaste.

Deine

Kathrin

Tipps zum Anleiten der Meditationen

Ich empfehle dir, die Texte mit ruhiger und langsamer Stimme vorzulesen. Gib den Teilnehmer-innen genügend Raum und Pausen, um den Anleitungen folgen zu können.

Die Texte sind vom Layout so aufgebaut, dass sie dir die Pausen anzeigen. Beginnt der Text in einer neuen Zeile, solltest du ungefähr einen Atemzug lang pausieren. Die Pause von einer ganzen Zeile sollte etwa drei bis fünf Atemzüge lang sein. Längere Pausen werden mit *[längere Pause]* gekennzeichnet. In diesem Fall kann die Pause gerne mehrere Minuten lang sein.

Die kursiv geschriebenen Texte sind Regieanweisungen für dich, die natürlich nicht mit vorgelesen werden. Auch die Überschriften dienen lediglich der Strukturierung im Buch. Ich habe mir mittlerweile allerdings angewöhnt, zu Beginn der Meditation ein paar einleitende Worte zum Inhalt der Meditation zu sagen. Aus meiner Erfahrung heraus können die Teilnehmer-innen sich noch besser auf die Inhalte einlassen.

In Abhängigkeit von deiner Lesegeschwindigkeit und der Länge der Pausen kannst du für eine Seite im Buch ca. 2-3 Minuten veranschlagen. Damit hast du einen Richtwert zur Planung deiner Yogastunde. Ich empfehle dir, die Texte mit deinem Smartphone aufzunehmen und sie anschließend mit geschlossenen Augen anzuhören. So bekommst du die beste Rückmeldung, welches Tempo angenehm ist.

Wenn die Pausen länger sind, kannst du auch gerne unterstützend ruhige Musik verwenden oder Klangschalen einsetzen. Ich mache aber auch häufig die Erfahrung, dass die Meditierenden die Stille genießen.

Achte vor Beginn der Meditation darauf, dass deine Teilnehmer-innen gut und bequem sitzen bzw. liegen. Insbesondere die

Anfänger-innen können nicht wirklich gut im Schneidersitz sitzen. Unterstütze sie mit deiner Erfahrung und verschiedenen Hilfsmitteln. Gerne empfehle ich auch die Meditation gut geerdet auf einem Stuhl mitzumachen. Der Sitz sollte sich stabil und leicht anfühlen.

Es gibt auch Teilnehmer-innen, die Schwierigkeiten haben, die Augen zu schließen. Mittlerweile bin ich dort sehr entspannt und biete ihnen an, die Augen zu schließen, wenn sie sich damit wohlfühlen. Die meisten schließen die Augen irgendwann. Manche schauen noch einmal zwischendurch, dann lächele ich sie freundlich an.

Bitte verwende die Texte nur, wenn du bereits Erfahrung mit dem Leiten von Gruppen hast. Im Idealfall hast du eine abgeschlossene Yogalehrer- und/ oder Meditationsleiterausbildung.

In diesem Band findest du jahreszeitenspezifische Texte, so dass du für den Jahresverlauf jeweils passende Texte findest. Gerne kannst du die Meditationen auch antizyklisch verwenden, z.B. eine kühlende Wintermeditation an heißen Sommertagen oder eine helle Sommermeditation an dunklen Wintertagen. Folge deiner Intuition beim Auswählen der Texte.

Das Titelbild des Buchs ist auf einer Reise nach Island entstanden. Die Meditation, die ich dazu erstellt habe, findest du im Kapitel Herbst: Friedvolle Momente am Fluss mit Wasserfällen.

Und nun wünsche ich dir viel Freude beim Anleiten.

Einleitungen & Zurückkommen

Dieses Kapitel enthält verschiedene Texte, die entweder als Einführung für geführte Meditationen dienen oder eigenständig praktiziert werden können.

Vor einer geführten Meditation empfehle ich eine Atembeobachtung und/ oder eine Körperreise durchzuführen. Diese Einleitung schafft Raum für Ruhe und Achtsamkeit, indem die Teilnehmer-innen sich auf den aktuellen Moment einstimmen können. Sie ermöglicht es, den Übergang vom Alltagsstress zur inneren Stille sanft zu gestalten.

Zusätzlich findest du in diesem Kapitel einen Vorschlag zum Zurückkommen nach der geführten Meditation. Das Zurückkommen am Ende einer Meditation hilft, die gewonnene innere Ruhe in den Alltag zu integrieren und die positiven Effekte der Meditation zu verlängern. Durch diesen Prozess wird die Praxis nachhaltiger und tiefer.

Führe die Teilnehmer-innen sanft an das Ende der Reise heran. Sie benötigen unterschiedlich lange, um aus einer tiefen Entspannung wieder ins Tagesbewusstsein zurückzukehren.

Du findest weitere Texte für Atembeobachtungen, Körperreisen und zum Zurückkommen in meinen weiteren Büchern mit Meditationstexten. Hinweise dazu finden sich am Ende dieses Buches.

Atembeobachtung & Körperreise

Wenn du magst, schließe gerne deine Augen.

Lenke die Aufmerksamkeit auf deinen Atem.

Wenn du magst, atme noch ein paar Mal tief durch.

Lass den Atem nun sanft fließen.

Lenke die Aufmerksamkeit zum Einatem. Der Einatem schenkt dir Energie.

Spüre für ein paar Momente die Energie des Einatmens.

Lenke die Aufmerksamkeit nun auf den Ausatem. Über den Ausatem kannst du loslassen.

Lass für ein paar Momente lang über den Ausatem los und komm mehr und mehr bei dir an.

Lenke nun die Aufmerksamkeit auf den Boden, auf dem du sitzt.

Der Boden kann dir Ruhe schenken.

Spüre zur Ruhe des Bodens.

Lass die Ruhe des Bodens in deine Füße fließen.

Stell dir vor, dass die Ruhe des Bodens über deine Füße weiter in deinen Körper fließt.

In deine Unterschenkel – deine Knie – deine Oberschenkel.

Die Ruhe fließt in dein Becken.

Die Ruhe kann deinen Unterkörper berühren.

Nimm die Ruhe des Bodens und nimm deinen Unterkörper wahr.

Lass die Ruhe weiter aufsteigen – zu deinem Bauchraum. Nimm hier eine wohlige Wärme wahr. Die Wärme und Ruhe können weiter aufsteigen – bis zu deinen Schultern.

Deine Schultern dürfen nun loslassen. Die Muskeln in deinen Schultern dürfen nun loslassen.

Lass die Ruhe die Arme herunterfließen – Oberarme – Unterarme – Hände bis vorne in deine Fingerspitzen.

Lenke die Aufmerksamkeit erneut auf deine Schultern. Ruhe und Wärme können sie erfüllen.

Lass die Ruhe bis zu deinem Kopf aufsteigen.

Mit der Ruhe kannst du loslassen.

Lass deinen Kiefer locker – lass deine Lippen los – stell dir vor, dass die Ruhe deine Stirn von innen glättet.

Lenke die Aufmerksamkeit auf den Punkt zwischen deinen Augenbrauen und sage dir hier: Lass los.

Tauche in die Ruhe mit deinem ganzen Körper ein.

Dein Körper ist umhüllt von der Ruhe.

Genieße für einen Moment die Ruhe und die Wärme, die dich umgeben.

Ruhe im Atem finden

Lenke die Aufmerksamkeit auf deinen Atem und beobachte deinen Atem für ein paar Atemzüge lang.

Nimm wahr, wie sich dein Atem in diesem Moment anfühlt. Ist dein Atem eher flach – atmest du eher tiefer ein?

Beobachte deinen Körper, welche Atmung er in diesem Moment benötigt.

Vielleicht atmest du ein – zwei Mal tiefer ein, und dann kommst du zurück zu einem fließenden Atem.

Beobachte deinen Körper – beobachte deinen Atem.

Lenke nun die Aufmerksamkeit auf deinen Einatem. Der Einatem schenkt uns Energie – Lebensenergie – Prana.

Nimm die Lebensenergie, die du einatmen kannst, wahr.

Vielleicht spürst du die Energie in den Nasenlöchern, in der Kehle, im Brust- oder Bauchraum.

Lass den Atem sanft fließen und beobachte den Einatem.

Lenke nun die Aufmerksamkeit auf den Ausatem. Über den Ausatem können wir mehr und mehr loslassen.

Stell dir vor, dass du über deinen Ausatem loslässt.

Du kannst deine Füße noch mehr loslassen – dein Becken – deine Schultern – deinen Kiefer.

Alles, was du nun nicht mehr benötigst, kannst du loslassen.

Du kannst alles vom Tag ausatmen und loslassen.

Lass über den Ausatem los.

Beobachte dein Ausatem.

Vielleicht ist dein Ausatem auch ein bisschen länger als dein Einatem.

Finde nun die Ruhe in deinem Atem.

Vielleicht entdeckst du die Ruhe durch die Atmung.

Vielleicht nimmst du die Ruhe wahr, die zwischen Ein- und Ausatem ist.

Ein kleiner Punkt der Ruhe und Stille.

Nimm die Stille wahr.

Spüre zur Ruhe deines Atems.

Einleitung über eine Kerze

Für diese Meditation benötigen alle Teilnehmer-innen eine brennende Kerze, die sie direkt vor sich abstellen. Besonders schön ist diese Einleitung in der Adventszeit.

Schau gerne auf die Kerze, die vor dir steht.

Schau sie dir genau an: die Farbe des Wachses, den Docht in der Mitte und das Feuer mit den verschiedenen Farben.

Die leuchtende Kerze.

Schließe nun sanft deine Augen und stell dir das Licht vor deinem inneren Auge vor.

Die Kerze, die für dich brennt.

Du kannst die Augen auch nochmal ein kleines bisschen öffnen und erneut auf die Kerze schauen.

Und die Augen wieder schließen.

Stell dir das Licht der Kerze vor deinem inneren Auge vor.

Lenke nun die Aufmerksamkeit einmal auf deinen Körper. Du brauchst ihn nicht zu verändern, sondern du kannst ihn einfach so spüren, wie er in diesem Moment ist.

Spüre in deinen Körper. Vielleicht gibt es eine Stelle, an der du ein Fließen im Körper spüren kannst. Wo fühlt es sich vielleicht eher eng an? Versuche immer wieder zum Beobachter deines Körpers zu werden – beobachte das Fließen – beobachte die Enge. Du brauchst in beides nicht tiefer hineinzugehen, sondern du kannst beides von außen beobachten.

Beobachte deinen Körper.

Nimm deinen Körper wahr.

Lenke die Aufmerksamkeit nun wieder zurück auf das Licht vor deinem inneren Auge. Du kannst dir vorstellen, dass das Licht in deinen Körper hineinleuchtet.

Das Licht der Kerze leuchtet in deinen Körper hinein.

Stell es dir vor. Das Licht leuchtet in dich hinein.

Du kannst das Licht der Kerze an alle Stellen in deinen Körper schicken, die ein wenig mehr Helligkeit gebrauchen können.

Nimm das Licht in deinen gesamten Körper auf.

Licht in deinen Körper.

Licht und Helligkeit.

Genieße das Licht in deinem Körper für ein paar Momente.

Zurückkommen

Lenke die Aufmerksamkeit auf deinen Körper.

Spüre zur Auflagefläche deines Körpers mit dem Platz, auf dem du sitzt oder liegst. Nimm den Boden unter dir wahr.

Nimm deine Füße wahr – deine Beine – deine Hände – deine Arme und deinen Kopf.

Nimm deinen ganzen Körper wahr.

Du füllst deinen Körper wieder vollständig aus.

Lenke die Aufmerksamkeit auf deinen Atem.

Spüre den Einatem, der dir Energie schenkt. Beobachte deinen Einatem. Unser Körper atmet von sich aus und du kannst es beobachten.

Greife nun in den Atem ein und beginne tiefer einzuatmen.

Nimm die Bewegung des Atems wahr. Spüre die Bewegung im Brustbereich, im Bauchraum, im gesamten Oberkörper.

Lass die Bewegung größer werden.

Bewege deine Hände, deine Füße. Bewege deine Arme, Schultern und die Beine. Mach all die Bewegungen, die dir nun gut tun.

Recke und strecke dich.

Komm zurück in den Raum, in dem du bist.

Wenn du soweit bist, öffne deine Augen.
Herzlich Willkommen zurück.

Frühling

Der innere Garten

Wir unternehmen eine kleine Phantasiereise. Stell dir einmal vor, du stehst in einem Garten. In diesem Garten ist viel Platz und du kannst ihn nach deinen Wünschen gestalten.

Du kannst den Boden vorbereiten, indem du die Erde harkst. Mache das achtsam. Harke den Boden, entferne die Steine und bereite den Boden vor.

Harke den Boden.

Es fühlt sich leicht an.

Dann halt einen Moment inne und bewundere dein Werk. Du hast den Boden bereitet.

Nun kannst du Samen auf dem Boden ausbreiten. Samen für Gras, für bunte Blumen, vielleicht für Obst und Gemüse. Du kannst auch kleine Setzlinge für Bäume und Büsche ausbringen.

Alles, was du dir vorstellen kannst, kannst du hier pflanzen.

Pflanze alles, was du möchtest.

Bepflanze deinen Garten.

Und nun bewässere deinen Garten.

Gieße ihn regelmäßig.

Schau dich in deinem Garten einmal um. An einer Stelle gibt es eine gemütliche Sitzecke mit einem leckeren Getränk für dich. Ruhe dich hier von deiner Arbeit aus.

Dein Garten ist ein Zaubergarten. Schon bald sprießen das Gras und die Blumen. Die Setzlinge wachsen.

Du kannst von deinem Platz aus zuschauen. Du kannst abwarten, wie dein Garten sich entwickelt. Nur hin und wieder kannst du aufstehen, die Erde lockern, die Pflanzen bewässern und Wildwuchs entfernen.

Doch der überwiegende Teil besteht aus Warten.

Schaue von deinem gemütlichen Platz aus zu, wie der Garten sich entwickelt. Schon bald ist er überall grün und die Knospen der Blüten springen auf. Auch das Obst und Gemüse gedeiht.

Du kannst deinem Garten beim Wachsen zuschauen.

Genieße die Entwicklung deines Gartens.

Es ist dein innerer Garten.

Auch unser Leben entwickelt sich wie unser innerer Garten.

Es gibt Phasen mit Aktivität, in denen wir den Boden vorbereiten und die Samen setzen.

Und dann gibt es Phasen der Ruhe, in denen wir der Entwicklung zuschauen dürfen.

Manchmal entfernen wir Wildwuchs oder gießen, um die Entwicklung in die passenden Bahnen zu lenken.

Und dann gibt es wieder Ruhe, damit sich unser Leben entwickeln kann.

Gönne dir regelmäßig Ruhe, damit deine innere Entwicklung Raum hat, sich zu entfalten.

Arbeite gezielt an deiner Entwicklung, sobald es nötig ist.

Mit dieser Gewissheit kannst du behutsam zurück ins Hier und Jetzt kommen.

Grenzenlos – Erfahre dein Sein

Mach es dir bequem – im Sitzen auf deiner Matte, auf einem Stuhl oder auch auf dem Sofa.

Spüre als erstes in deinen Körper hinein.

Nimm deine Körpergrenzen wahr. Vielleicht magst du dich einmal selbst umarmen und darüber deine Grenzen wahrnehmen.

Umarme dich und spüre die Grenzen deines Körpers.

Nimm dich wahr in deinem Körper und mit der Begrenzung deines Körpers.

Beende nun die kleine Übung. Lege deine Hände in deinem Schoß ab. Wenn du magst, drehe die Handflächen nach oben.

Lenke nun die Aufmerksamkeit auf deinen Atem.

Nimm den Atem wahr. Lass deinen Atem natürlich fließen. Ganz so, wie dein Körper in diesem Moment atmen möchte.

Lenke die Aufmerksamkeit auf den Einatem.

Über den Einatem kommt Energie in unseren Körper. Spüre die Energie des Einatem.

Spüre, an welchen Stellen du die Energie wahrnimmst.

Spüre die Energie in dir.

Lenke nun die Aufmerksamkeit auf den Ausatem. Über den Ausatem können wir loslassen.

Nimm das bewusst wahr und lass über den Ausatem los.

Vielleicht kannst du auch die Muskeln in deinem Körper loslassen.

Ausatmen – loslassen.

Ausatmen und die Muskeln in den Beinen – in den Füßen loslassen.

Ausatmen und die Muskeln in den Schultern – in den Armen loslassen.

Ausatmen und auch die Muskeln im Gesicht – im Kiefer – in den Augen – in der Stirn loslassen.

Komm bei dir an.

Lenke die Aufmerksamkeit auf deinen Körper. Stell dir vor, dass du deinen Körper von außen betrachten kannst – vielleicht von oben.

Stell es dir vor, dass du von oben schaust, wie dein Körper an seinem Platz sitzt.

Du schaust zu.

Weite nun deinen Blick und stell dir einmal den gesamten Raum vor, in dem du sitzt.

Nimm die Grenzen des Raumes wahr.

Lenke die Aufmerksamkeit auf den gesamten Raum, schau ihn dir von oben an und nimm die Grenzen des Raumes wahr.

Weite die Aufmerksamkeit und nimm das gesamte Haus wahr, in dem du bist. Die Grenzen des Raumes verschwimmen, und du kannst das Haus von oben sehen.

Du kannst die Grenzen des Hauses und des Grundstücks drumherum sehen.

Und dann weite deinen Blick weiter und stelle dir vor, du kannst den gesamten Ort, in dem du jetzt bist, von oben sehen.

Die Grenzen zwischen den Grundstücken verschwimmen, und du kannst den Ort von oben sehen.

Weite deinen Blick noch weiter. Stell dir vor, du kannst das gesamte Gebiet mit verschiedenen Orten, in dem du bist, von oben sehen.

Die Grenzen zwischen den Orten verschwimmen und verschwinden, während du dir das gesamte Gebiet anschaust.

Stell dir nun das gesamte Land vor, in dem du bist.

Alle Grenzen der Gebiete verschwimmen und verschwinden.

Du kannst nur noch das Land von oben sehen.

Und dann weite noch weiter deine Aufmerksamkeit und stell dir die gesamte Welt von oben vor. Mit den Ländern und den Ozeanen.

Mit den Grenzen, die du nicht sehen kannst – sie verschwimmen.

Unser wunderschöner blauer Planet, den du dir von außen anschauen kannst.

Stell es dir einfach vor.

Diese Welt von außen hat viel Weite und Raum.

Nimm diese Weite und den Raum wahr.

Vielleicht nimmst du auch ein Gefühl der Freiheit wahr.

Spüre.

Schaue.

Grenzenlos kannst du auf die Welt schauen.

Bleibe bei der Vorstellung von dieser Welt und lenke gleichzeitig die Aufmerksamkeit auf dein Innerstes.

Versuche, beides gleichzeitig wahrzunehmen: die Welt von außen und die Welt in deinem Innern.

Auch in uns kann die Welt mit unendlicher Weite, mit Freiheit, mit Grenzenlosigkeit sein.

Spüre das einmal.

Vielleicht kannst du es dir vorstellen, dass in dir viel Weite herrscht.

Viel Freiheit.

Grenzenlosigkeit.

Und du kannst in diese Grenzenlosigkeit, in diese Freiheit, in diese Weite eintauchen.

Stell es dir vor, wie du tief in dir eintauchst.

Vielleicht ist es wie in einem Meer, in das du eintauchst. Durch das du hindurchschwimmst. Ganz leicht.

In diese unendliche Freiheit in dir.

Erkunde diese Freiheit.

Spüre die Freiheit – spüre die Weite.

Wie fühlt es sich an für dich?

Die Grenzenlosigkeit in dir.

In uns gibt es die Grenzenlosigkeit, die Weite und mittendrin einen Kern der Liebe.

Fließe – fliege – schwimme durch deine Grenzenlosigkeit zu deinem Kern der Liebe.

Vielleicht leuchtet er in rot oder in gold oder in einer anderen Farbe.

Und du kannst dorthin gleiten. Es ist leicht und einfach.

Schweben – schwimmen – fliegen.

Und dann kommst du an – bei deinem Kern der Liebe. Dem Kern in dir.

Vielleicht kannst du dir vorstellen, dass du diesen Kern in die Hand nehmen kannst.

Du bist tief verbunden mit deinem Kern der Liebe in dir.

Vielleicht fühlt sich der Kern in deiner Hand warm an. Vielleicht strahlt er. Vielleicht ist er ein flimmerndes Licht in deiner Hand.

Dein Kern der Liebe.

Und vielleicht kannst du auch in diesen Kern der Liebe noch weiter eintauchen. Noch tiefer in dein Sein hineintauchen.

Stell es dir einfach vor.

In deine Liebe – in deine innere Liebe eintauchen.

Sie darf dich durchströmen.

Überall durchströmen.

Spüre einmal: Wie fühlt es sich an, wenn du umgeben und durchdrungen wirst von der Liebe.

Der Kern der Liebe.

Lenke nun die Aufmerksamkeit erneut auf deinen Körper. Versuche gleichzeitig, die Grenzen deines Körpers wahrzunehmen, die Weite in dir und den Kern der Liebe mittendrin.

Vielleicht wandert die Aufmerksamkeit immer wieder von einem zu anderen: zum Körper, zur Weite, zum Kern der Liebe.

Körper.

Weite.

Kern der Liebe.

Spüre alles gleichzeitig.

Du bist alles drei.

Du bist dein Körper.

Du bist deine innere Freiheit.

Und du bist deine Liebe.

Du darfst für alles drei dankbar sein.

Schenke deinem Körper Dankbarkeit.

Schenke deiner inneren Freiheit Dankbarkeit.

Und schenke deiner Liebe – deiner Selbstliebe – Dankbarkeit.

Vielleicht entsteht in dir auch ein Bild von diesen drei Teilen deines Lebens: Körper, innere Freiheit und Liebe.

Vielleicht kannst du es dir in einem Bild vorstellen.

Der Kern der Liebe, die Freiheit und dein Körper.

Zeichne ein inneres Bild von diesen drei Elementen.

Kehre nun langsam und behutsam ins Außen.

Nimm deinen Körper wahr, wie er auf seinem Platz sitzt. Spüre deinen Körper.

Spüre deinen gesamten Körper.

Spüre die Grenzen deines Körpers.

Erinnere dich noch einmal an die innere Freiheit und den Kern der Liebe.

Vielleicht ist es ein Gefühl, das du in deinem Körper wachrufen kannst.

Dieses Gefühl kannst du überall und jederzeit in dir wachrufen. Es ist immer in dir.

Besonders, wenn es im Außen trubelig oder stressig ist, dann erinnere dich an deinen inneren Kern der Liebe und an deine innere Freiheit.

Nimm wieder deinen gesamten Körper wahr.

Dein wunderbarer Körper, der dich durchs Leben trägt. Bedanke dich regelmäßig bei ihm und ehre ihn.

Er ist der Körper, den du nun für dich hast. In dem du in diesem Leben wohnst.

Lenke die Aufmerksamkeit zurück auf den Atem. Vielleicht ist der Atem während der Reise komplett in den Hintergrund getreten und du nimmst ihn erst jetzt wieder bewusst wahr.

Nimm ein paar tiefe Atemzüge durch die Nase und spüre die Energie des Einatems.

Vielleicht spürst du auch den Zauber des Atems, der sich einstellt, wenn du nach der Meditation zum Atem zurückkehrst.

Lenke die Aufmerksamkeit auf deinen Körper.

Vielleicht magst du die Übung von Beginn noch einmal wiederholen und dich selbst umarmen.

Wir haben nun die innere Liebe gespürt und vielleicht kannst du deinem Körper über diese Umarmung deine Liebe zeigen.

Spüre die Grenzen deines Körpers – mit dem Wissen der Grenzenlosigkeit in dir.

Mit dem Sein im Inneren, in dem du die Grenzenlosigkeit spüren kannst.

Komm nun langsam und behutsam wieder in deinem Tempo nach außen.

Herzlich Willkommen zurück.

Karneval – den Winter vertreiben

Wir unternehmen eine kleine Phantasiereise. Stell dir vor, es ist ein wunderschöner Wintertag. Die Luft ist frisch und klar. Der Himmel ist wolkenverhangen. Es ist kalt und an einigen Stellen liegt noch ein bisschen Schnee.

Stell dir vor, du stehst mit vielen anderen Menschen am Straßenrand. Auf der Straße zieht ein fröhlicher Straßenumzug vorbei. Es sind viele bunt verkleidete Fußgruppen, die vorbei kommen. Sie tragen wunderschöne Kostüme und sind im Gesicht bunt angemalt.

Sie winken fröhlich den Zuschauern zu.

Viele der Gruppen haben ihre eigene Musik dabei. Es kommt eine Gruppe vorbei, die mit Rasseln und Trommeln in der Hand rhythmische Musik klopft.

Aus der Gruppe löst sich eine Person. Sie ist als wunderschöner bunter Harlekin verkleidet. Sie lächelt dich freundlich an und geht auf dich zu. Sie hat eine Rassel in der Hand, die sie dir schenkt.

Du kannst die Rassel nehmen und sie dir genauer anschauen. An einem Stab hängen lange bunte Stoffstreifen herunter, und sie ist über und über mit Glöckchen behangen. Wunderschön.

Du kannst die Rassel probeweise drehen. Die Glöckchen ertönen in einem hellen Klang.

Wenn du möchtest, kannst du die Rassel mehr und mehr schwingen und ihrem Klang lauschen.

Schwing die Rassel.

Lausch dem Klang der Glöckchen.

Wenn du möchtest, kannst du dich auch zum Klang der Rassel bewegen. Der Harlekin nimmt dich ein Stück auf dem Weg mit.

Bewege dich in deinem Rhythmus.

Vielleicht möchtest du springen, tanzen, dich drehen.

Du kannst alles tun, was du möchtest.

Lass dich von den bunten Fußgruppen und deinem Harlekin mitreißen.

Tanzen.

Rasseln.

Vielleicht wild und ausgelassen.

Vielleicht sanft und schwingend.

So, wie es für dich passt.

Genieße die Musik und die Bewegung.

Der Straßenumzug, die bunten Fußgruppen, dein Harlekin und auch du, ihr könnt den Winter mit der Musik und den Rasseln vertreiben.

Stell es dir vor, dass ihr den Winter vertreibt.

Laut rasselnd ruft ihr den Frühling herbei.

An einer Straßenecke wird es etwas ruhiger. Du kannst langsamer gehen. Und wenn du magst, gibst du dem Harlekin deine Rassel. Ihr schaut euch kurz an und verabschiedet euch.

Du kannst an der Straßenecke abbiegen und einen kleinen Fußweg, der durch wunderschöne Natur führt, einschlagen. Anfangs hörst du noch die Musik und die Rasseln. Je weiter du gehst, desto leiser wird es hinter dir.

Schließlich verstummen auch die letzten Rasseln und Rufe.

Du kannst in die Stille der Natur ein.

Am Wegesrand liegt noch ein wenig Schnee.

Wenn du magst, kannst du ein wenig Schnee in die Hand nehmen.

Leg dir den Schnee auf deine Handfläche. Du kannst zuschauen, wie der Schnee zu Wasser schmilzt. Das Wasser zerrinnt zwischen deinen Händen.

Vielleicht kannst du dir vorstellen, dass der Winter geht und sich langsam der Frühling ankündigt.

Mittlerweile hat sich der Himmel aufgeklart, und du kannst den blauen Himmel zwischen den Wolken sehen.

Die Sonne zeigt sich zaghaft zwischen den Wolken.

Sie schickt ihre ersten frühlingshaften Strahlen zu dir.

Du kannst dein Gesicht der Sonne entgegen strecken. Vielleicht kannst du die warmen Strahlen in deinem Gesicht spüren.

Genieße die Wärme der Sonne.

Genieße das Licht, das dich durchströmen kann.

Du kannst dich auf dem Weg, auf dem du bist, ein wenig umschauen. Du kannst zwischen den Schneeresten am Rand des Weges Schneeglöckchen erkennen.

Die wunderschönen weißen Schneeglöckchen mit ihren glockenförmigen Blüten sind die ersten Frühlingsboten.

Vielleicht magst du dich hinhocken und dir die Schneeglöckchen genauer anschauen. Die weißen Blütenblätter leuchten in der Sonne.

Wenn du möchtest, kannst du mit den Fingern sanft über die zarten Blüten streichen. Behutsam und zart.

Das Schneeglöckchen trotzt der Kälte und dem Schnee und streckt sich der Sonne entgegen.

Auch wir können uns immer wieder der Sonne entgegen strecken und so den nahenden Frühling in uns aufnehmen.

Spüre die Sonne und den nahenden Frühling. Nimm die Wärme und das Licht in dich auf.

Licht.

Wärme.

Wunderbar.

Nimm nun beides mit zurück in deinen Alltag und spüre den Frühling, sobald du es benötigst.

Begrüße den Frühling

Wir unternehmen nun eine kleine Phantasiereise. Stell dir einmal vor, du stehst barfuß auf einer wunderschönen Wiese mit einer Hecke rundherum. Es ist ein herrlicher Frühlingstag. Die Sonne scheint vom Himmel und wärmt dich.

Spüre über die Füße den Boden und über deine Haut die Wärme der Sonne.

Du kannst die Erdung über die Füße spüren – wahrnehmen – aufnehmen.

Wärme über die Sonne.

Die Sonne schenkt uns Wärme und Energie.

Du kannst dich über die Sonne mit Energie aufladen.

Spüre die Energie der Sonne.

Nimm die Energie in deinen Körper auf.

Stell es dir vor: Die Wärme der Sonne lädt dich auf mit Energie.

Du darfst dich dieser Energie öffnen und weiten.

Du stehst auf der wunderschönen Wiese in der Sonne.

Rund um die Wiese ist eine Hecke. Du kannst an dieser Hecke entlang gehen und sie dir anschauen. Ein herrliches Grün.

Es sieht wunderschön aus, und sie verströmt auch einen angenehmen Geruch.

Nimm das Grün der Hecke und den Geruch in dich auf.

An einer Stelle siehst du zwei Vögel, die in die Hecke hinein und heraus fliegen. Beim Hineinfliegen tragen sie kleine Stöckchen, Moos und Blätter im Schnabel.

Du kannst näher herantreten. Die Vögel lassen dich zuschauen und tragen weiterhin ihre Schätze in die Hecke.

Du kannst in die Hecke schauen und erkennst die Anfänge eines Vogelnestes. Die beiden Vögel arbeiten fleißig an dem Nest – und das Nest nimmt vor deinem Auge immer mehr Formen an.

Der Boden und die Ränder sind hoch und stabil mit Ästen gebaut. Die Lücken sind mit kleinen Hölzern und Blättern zugestopft.

Ein Moosteppich am Boden lässt das Nest sehr gemütlich erscheinen.

Du kannst dir den weiteren Betrieb in Zeitraffer anschauen. Die beiden Vögel fliegen immer wieder in das Nest, polstern es weiter aus, machen es sich dort gemütlich und piepsen fröhlich vor sich hin.

Als du erneut in das Nest schaust, kannst du fünf kleine weiße Eier mit dunklen Sprenkeln entdecken. Die Vögel wärmen die Eier mit ihrem Gefieder.

Mal der eine – mal der andere.

Wunderschön warm halten sie ihre Eier.

Nach einiger Zeit kannst du ein leises Klopfen wahrnehmen. Das erste Ei öffnet sich an einer Stelle und ein winziger Schnabel ist zu erkennen. Das Loch wird größer und größer, bis ein winziges Küken mit schwarzem Gefieder aus dem Ei schlüpft. Es piepst und reißt direkt seinen gelben Schnabel auf.

Nach und nach schlüpfen die anderen Küken – piepsen und reißen ihre winzigen Schnäbel auf.

Die Eltern fliegen und bringen Futter, das in den kleinen Küken verschwindet.

Zwischendurch wird es ruhig im Nest. Die Eltern wärmen die Küken.

Sie schenken ihnen Geborgenheit, Wärme und Sicherheit.

Während du dir das anschaust, kannst du in dein Herz spüren. Vielleicht kannst du auch hier Geborgenheit, Wärme und Sicherheit spüren.

Spüre Geborgenheit.

Nimm Wärme wahr.

Sicherheit.

Genieße die Gefühle für einen Moment.

[längere Pause]

Wenn du magst, kannst du nun erneut in das Nest schauen und entdeckst, dass die Vögel größer geworden sind. Sie springen im Nest herum und piepsen aufgeregt. Sie spüren innerlich, dass nun eine neue Zeit angebrochen ist – dass etwas Neues entsteht.

Die Eltern stehen am Nest und schauen auf ihre Vögelchen. Der erste Vogel hüpft mutig auf den Rand des Nestes, breitet seine Flügel aus und fliegt los in die Welt.

Nach und nach hüpfen die kleinen Vögel auf den Rand des Nestes und brechen auf in die neue Welt. Sie entdecken diese Welt auf der Wiese.

Der letzte kleine Vogel ist noch im Nest. Er schaut über den Nestrand und weiß nicht so richtig, ob er auch los fliegen soll.

Doch die Eltern stärken ihn und stellen sich neben ihn. Und so breitet auch er mutig seine Flügel aus und fliegt über die Wiese in die Freiheit.

Auch du kannst dich dieser Wiese zuwenden. Sie ist über und über mit Blumen, einem herrlichen Grün und den wunderschönen bunten Frühlingsfarben überzogen.

In weiß und rot und rosa und hellblau – in allen wunderschönen Farben.

Du kannst über die Wiese gehen, es darf sich leicht anfühlen.

Vielleicht schwebst du fast über die Wiese.

Und während du über die Wiese läufst, passiert etwas Magisches: die Blütenblätter lösen sich von den Blumen. Du kannst durch einen Blumenregen tanzen – durch einen wunderschönen bunten Blumenregen.

Vielleicht bist du allein auf dieser Wiese – vielleicht sind dort andere liebe Menschen, die mit dir zusammen tanzen. Du kannst für einen Moment in dem Blumenregen tanzen und die Freude dabei spüren – die Leichtigkeit und die Freiheit.

Nun bleib stehen und spüre in diese Stille nach dem Tanzen.

Spüre in dein Herz hinein. Dein Herz hat mitgetanzt.

Vielleicht nimmst du dort auch Leichtigkeit wahr.

Und vielleicht formuliert sich in deinem Herzen ein Wunsch. Ein Wunsch, der dir Leichtigkeit schenkt.

Dir innere Freude schenkt.

Die Farbe in dein Leben bringt – wie die Blütenblätter im Blumenregen.

Du kannst du dich auf der Wiese noch einmal umschauen. Über die Wiese schwebt eine Fee – eine wunderschöne Blütenfee, die in wunderschönen bunten Farben angezogen ist.

Sie schwebt auf dich zu, und sie ist eine magische Fee. Sie kann deinen Wunsch erfüllen.

Vielleicht flüstert sie dir auch ins Ohr, in welcher Art und Weise dein Wunsch erfüllt wird.

Höre ihr einen Moment zu.

Nun ist die Zeit gekommen, um sich von deiner Fee zu verabschieden.

Schau noch einmal über die Wiese. Der bunte Blumenregen hat sich als wunderschönes Blumenmeer auf die Wiese gelegt. Die kleinen Vögel fliegen fröhlich darüber hinweg.

Ein wunderbar friedliches, wunderschönes Bild der Freiheit, der Leichtigkeit des Frühlings.

Du kannst nun behutsam von der Wiese zurück in deinen Körper kommen. Nimm deinen Körper wieder wahr. Behutsam. Spüre zu deinem Körper. Spüre zu deinem Herzen. Verbinde dich mit deinem Herzen.

Nimm die Freude und die Leichtigkeit des Frühlings über dein Herz mit zurück in den Raum, in dem du bist.

Mit in deinen Alltag.

Das Licht scheint schon

Wir unternehmen nun eine kleine Phantasiereise. Stell dir einmal vor, du stehst auf einer wunderschönen großen Wiese. Es ist noch dunkel – es ist früh am Morgen.

Am Morgen eines Frühlingstages. Die Sonne ist noch nicht aufgegangen. Über dir ist ein wunderschöner Sternenhimmel. Der Mond leuchtet noch und erhellt ein wenig die Wiese.

Du bist hier auf der Wiese sicher.

Wenn du magst, kannst du über die Wiese gehen – durch die Dunkelheit– nur von Mond und Sternen ein bisschen erhellt. Und dennoch Dunkelheit. Du bist hier sicher – geborgen in der Dunkelheit. Du kannst weiter über die Wiese gehen und deinen Blick zum Horizont heben.

Vielleicht siehst du dort die dunkle Erde und darüber den Himmel, der bereits ein bisschen heller geworden ist. Das Schwarz weicht bereits einem dunklen Blau.

Doch du kannst noch für einen Moment die Dunkelheit, die dich umgibt, genießen. Nimm die Dunkelheit bewusst wahr.

Du bist hier sicher und geborgen – in der Dunkelheit, die dich umgibt.

Bade für einen Moment in der Dunkelheit.

Du kannst erneut zum Horizont schauen. Hier in unserer kleinen Reise geht die Sonne etwas schneller auf. Der Himmel verfärbt sich –

von einem dunklen Blau zu einem Violett, das langsam heller und zu einem wunderschönen Rosa wird.

Du kannst noch einmal die Dunkelheit um dich herum wahrnehmen. Nimm sie bewusst wahr.

Und wenn du magst, lass deinen Blick erneut zum Horizont gleiten, und du kannst zuschauen, dass die Sonne langsam am Horizont erscheint. Die ersten Strahlen leuchten am Horizont zu dir.

Ein wunderschöner Sonnenaufgang. Der Himmel verfärbt sich in den allerschönsten Farben: Lila, Blau, Rosa und ein helles Gelb. Es wird heller und heller um dich herum.

Vielleicht magst du dich erneut auf der Wiese umschauen. Die Wiese ist herrlich grün, und es wachsen wunderschöne Blumen überall.

Du kannst sehen, dass die Blumen in der Sonne mehr und mehr zu leuchten beginnen. Der Sonnenaufgang taucht die Wiese in ein immer wieder neues Lichtspiel.

Wunderschön.

Vielleicht kannst du nun auch die Wärme der Sonne spüren. Vielleicht hast du dich umgedreht, und die Sonne wärmt deinen Rücken – vielleicht magst du mit geschlossenen Augen dein Gesicht der Sonne entgegen strecken und die wunderbaren warmen Sonnenstrahlen wahrnehmen.

Du kannst die wunderbare Wärme der Sonne wahrnehmen.

Wenn du magst, spüre zu deinem Herzraum. Nimm deinen Herzraum bewusst wahr.

Und wenn du möchtest, kannst du deinen Herzraum in Richtung der Sonne strecken. Stell es dir vor, dass du dein Herz zur Sonne hinstreckst. Du kannst dich der Sonne öffnen – soweit, wie es für dich in diesem Moment gut ist – soweit, wie es für dich nun passt.

Öffne dich dem Licht und der Sonne.

Und lass die Lichte und die Sonne in dein Herz.

Stell es dir vor: Die Sonne leuchtet in dein Herz hinein.

Manchmal fühlt es sich so an, als hätten wir dunkle Bereich in unserem Herzen. Und auch diese dunklen Bereiche kannst du von dem Licht und der Wärme der Sonne berühren lassen.

Sanft und liebevoll. So wie es für dich gut ist.

Dein Herz darf sich erhellen.

Und dein Herz darf ebenfalls leuchten wie die Sonne.

Vielleicht hast du dich mittlerweile auf die Wiese gelegt oder gesetzt und genießt diese wunderbare Wärme – das Licht der Sonne.

Die Sonne schenkt uns Lebenskraft und Energie. Das können wir besonders dann spüren, wenn die Sonne vorher nicht schien und sie dann am Himmel erscheint.

Dann können wir die Energie, die von diesem Feuerball ausgeht, spüren. Spüre zu der Energie der Sonne. Zu der Wärme.

Und wenn du magst: Öffne dich mehr und mehr.

Wunderbar.

Du darfst dich erhellen lassen von der Sonne.

Wir dürfen uns immer wieder in Erinnerung rufen, dass die Sonne immer da ist. Sie war nur hinter dem Erdball verschwunden. Dadurch war die Dunkelheit auf dieser Wiese. Und nun ist sie aufgegangen, und wir können sie sehen und spüren.

Die Sonne ist immer da. Auch wenn es Nacht ist oder wenn die Sonne hinter Wolken verschwunden ist. Sie ist immer da.

Wir wissen, dass die Sonne jederzeit da ist.

In den Momenten, in denen wir in der Sonne baden und sie genießen, fällt es uns sehr leicht, die Sonne wahrzunehmen.

Dieses Wissen können wir mitnehmen, wenn die Dunkelheit da ist oder der Himmel wolkenverhangen ist. Die Sonne ist da – hinter den Wolken – hinter der Dunkelheit.

Und in der Meditation können wir die Sonne im Herzen spüren.

Du kannst dich jederzeit mit der Sonne in deinem Herzen verbinden – in den Momenten, in denen es sonnig in deinem Leben ist – jedoch auch in den Momenten, in denen Dunkelheit da ist. Auch in den dunklen Momenten ist die Sonne da.

Das Licht der Sonne scheint schon – auch in der Dunkelheit – in der Finsternis.

Und sobald wir das Bedürfnis haben, können wir uns mit der Sonne in unserem Herzen verbinden.

Vielleicht möchtest du dir vorstellen, dass eine kleine Sonne in deinem Herzen scheint.

Vielleicht kannst du dir auch vorstellen, dass du die Sonne bist.

Und du als Sonne kannst das Licht in die Welt bringen. Du kannst das Licht scheinen lassen.

Stell es dir vor: die kleine Sonne in deinem Herzen – leuchtend – strahlend. Das Licht, das schon scheint.

Du bist weiterhin auf der wunderschönen grünen Wiese mit den Blumen und der Sonne. Verweile hier noch einen Moment in der Stille und genieße das Licht in dir und das Licht im Außen. Verbinde dich für einen Moment in der Stille mit dem Licht.

[längere Pause]

Licht in dir und Licht im Außen.

Lenke die Aufmerksamkeit nun auf deinen Herzraum und nimm wahr, was du in diesem Moment in deinem Herzraum fühlst.

Einfach spüren.

Vielleicht ist es ein Gefühl, vielleicht ist es auch ein Wort oder ein Bild, das dir in den Sinn kommt. Spüre.

Wie fühlt es sich in deinem Herzen in diesem Moment an?

Lenke nun die Aufmerksamkeit zurück in deinen Körper und komm behutsam von der Wiese wieder zurück in deinen Körper, mit dem du auf deinem Platz sitzt oder liegst.

Nimm deinen gesamten Körper wahr – du füllst ihn wieder vollständig aus.

Komm langsam und behutsam zurück in den Alltag. Nimm dabei die Gefühle, Bilder und die Sonne in deinem Herzen mit zurück.

Energie am Wasserfall

Wir unternehmen nun eine kleine Reise. Stell dir einmal vor, du stehst unterhalb eines Abhangs auf einer herrlich grünen Wiese. Um dich herum blühen die Frühlingsblumen in der Sonne.

Wenn du deinen Blick hebst, kannst du oberhalb der Wiese einen wunderschönen Wasserfall sehen.

Du kannst über die Wiese ein Stück den Abhang nach oben gehen.

Der Wasserfall mündet unten in einen Fluss. Über diesen Fluss führt eine wunderschöne Holzbrücke.

Du kannst diese Brücke betreten und in der Mitte stehen bleiben.

Schau dir den Wasserfall einmal genauer an. Das Wasser fällt über die Kante in die Tiefe – über viele Steine fällt das Wasser in mehreren Kaskaden nach unten. Ein energievolles Naturschauspiel.

Der Wind verweht teilweise das Wasser und dank des Sonnenlichts entstehen wunderschöne kleine Regenbögen.

Ein wunderbares Bild – die frühlingsgrüne Wiese, das fallende Wasser und die bunten Regenbögen.

Unten sammelt sich das Wasser im Fluss und fließt den Berg herab. Es fließt unter der Brücke hindurch, auf der du stehst.

Vielleicht kannst du die Energie des fallenden Wassers wahrnehmen. Kraftvoll und gleichzeitig leicht fällt und fließt das Wasser in die Tiefe. Über alle Felsen und Hürden hinweg.

Spüre zu der Energie des fallenden Wassers.

Vielleicht kannst du diese Energie des Wassers in dich aufnehmen.

Spüre zur Energie und nimm sie in dich auf.

Du kannst sie in deinen Herzraum aufnehmen – oder in deinen Bauchraum – oder in den Bereich, in dem du nun Energie gebrauchen kannst.

Du kannst dir vorstellen, dass die Energie des Wassers in dich hineinströmt.

Dich durchströmt.

Dich mit Energie auflädt.

Kraftvoll.

Energievoll.

Nimm das Bild des energievollen Wasserfalls tief in dich auf.

Wenn du magst, kannst du das Bild und die Energie mitnehmen, wenn du nun langsam wieder zurückkommst.

Magische Meditation auf der Wiese

Wir unternehmen nun eine kleine Phantasiereise. Stell dir einmal vor, du stehst auf einer herrlichen Frühlingswiese. Die bunten Blumen sprießen aus der Erde und leuchten dich in ihren bunten Farben an: in rot, orange, gelb, hellblau, dunkelblau, lila, auch ein strahlendes Weiß und dazwischen das frische Grün des Frühlings.

Die Sonne scheint und wärmt deine Haut. Vielleicht kannst du die Wärme spüren. Eine sanfte Frühlingsbrise kann deine Haut streicheln. Wunderbar warm.

Spüre die Wärme.

Vielleicht kannst du den Frühling auch riechen.

Nimm den Geruch tief in dich auf. Stell dir den Frühlingsgeruch vor – das frische Gras und den betörenden Geruch der Blüten.

Rieche den Frühling.

Wenn du magst, kannst du ein paar Schritte über die Wiese gehen. Du entdeckst, dass du von magischen Blumen umgeben bist. Sie verstreuen ein magisches Glitzern, wenn du an ihnen vorbeigehst – die magischen Blumen in ihren wunderschönen bunten Farben.

Sobald du an ihnen vorbeigehst, löst du mit deiner Berührung ein farbiges Glitzern aus. Das Glitzern ist so leicht, dass du es durch die Luft pusten kannst.

Vielleicht gehst du über die Wiese – vielleicht hast du auch Lust, über die Wiese zu laufen und ein Feuerwerk der Farben auszulösen.

Stell es dir vor, wie du über die Wiese läufst oder springst – vielleicht wie ein Kind, das die Welt neu entdeckt. Die herrlichen Farben vermischen sich. Es sind alle Farben des Regenbogens.

Die Farben glitzern in der Sonne. Es sieht wunderschön aus.

Es ist ein wunderschön magischer Moment im Frühling auf dieser Wiese.

Genieße diesen Moment. Genieße die Farben.

Genieße es, dass du es auslöst, wenn du an den Blumen vorbei gehst.

Du bist die Person, die die Farbe ins Leben bringt.

Du kannst dir nun einen schönen Platz suchen. Vielleicht ist dort ein Stein oder ein Baumstamm oder eine Bank, auf die du dich setzen kannst.

Lass deinen Blick weiter über die bunte Blumenwiese schweifen. Langsam setzt sich das bunte Glitzern wieder ab.

Du kannst die vielen Blüten und Blumen wieder sehen.

Während du so über die Wiese schaust, kannst du auf der anderen Seite der Wiese eine Fee entdecken. Es ist eine Zauberfee. Sie geht über die Wiese und lächelt dich freundlich an.

Sie trägt ein wunderschönes weißes Kleid.

Als sie über die Wiese geht, schweben die glitzernden Farben der Blumen erneut in die Luft. Ihr weißes Kleid färbt sich dabei in den Farben des Regenbogens.

Das Kleid leuchtet in der Sonne. Es glitzert in der Sonne und sieht wunderschön aus.

Die Fee glitzert und leuchtet in bunten Farben.

Sie kommt weiter auf dich zu und steht schließlich vor dir.

Vielleicht setzt sie sich neben dich oder vor dich. Ihr könnt euch an die Hände nehmen oder auch einfach so voreinander sitzen. So wie es für dich nun passend und stimmig ist.

Die Fee erzählt dir nun, dass sie die Magie für dich mitgebracht hat. Die Magie für dein Leben – in einen Bereich deines Lebens, in den du vielleicht mehr Farbe hinein bringen möchtest.

Wenn du magst, spüre in dein Herz, wo du vielleicht mehr Magie in deinem Leben haben möchtest.

In welchem Bereich?

Vielleicht hilft dir die Fee. Vielleicht hat sie eine Idee, wo sie dir ein bisschen mehr Farbe schenken kann.

Spüre in dich hinein.

Nimm den ersten Satz – das erste Bild – das erste Gefühl, das kommt.

Dann bitte die Fee, dass sie dir für diesen Bereich Magie und Farbe schenkt.

Die Fee hat einen kleinen Zauberstab, den sie nun zückt und durch die Luft schwingt, um die Magie zu dir zu bringen.

Du kannst diese Magie dankbar annehmen. Du kannst die Farben dankbar annehmen. Es ist dein Geschenk – persönlich für dich.

Es wird nun langsam Zeit, sich von der Fee zu verabschieden. Die Magie kannst du in deinem Herzen mitnehmen.

Und wenn du magst, kannst du auch die Farben und die Leichtigkeit und die Wärme der Sonne mitnehmen.

Mitnehmen – zurück an deinen Platz, an dem du bist.

Spüre zu dem Boden, auf dem du sitzt oder liegst. Nimm die Berührung zum Boden wahr.

Spüre deinen Körper. Du füllst deinen Körper wieder vollständig aus.

Erinnere dich an die kleine Reise und an das magische Geschenk, das die Fee dir gegeben hat. Nimm das Geschenk tief in dein Herz auf. Ein Schatz, den du aus dieser Meditation mitnehmen kannst.

Sommer

Spuren im Sand

Wir unternehmen eine kleine Phantasiereise. Stell dir vor, du stehst an einem wunderschönen Strand. Die Sonne strahlt vom blauen Himmel und schenkt dir eine angenehme Wärme. Ein sanfter Wind weht. Spüre die Wärme der Sonne und die angenehme Kühle des Windes auf deiner Haut.

Der Strand besteht aus wunderschönem feinem Sand.

Wenn du magst, kannst du barfuß über den feinen Sand gehen.

Lenke die Aufmerksamkeit auf den Boden und auf die Berührung der Füße mit dem Sand. Es fühlt sich wunderbar angenehm an.

Genieße die sanfte Bewegung über den Sand.

Nimm wahr, dass deine Füße am Boden aufsetzen und du sie langsam und behutsam abrollst.

Schritt für Schritt.

Aufsetzen – abrollen.

Schritt für Schritt gehst du voran.

Ein Schritt nach dem anderen.

Nach einiger Zeit kannst du stehenbleiben und dich umdrehen.

Deine Füße haben Spuren im Sand hinterlassen.

Auch andere Menschen haben die Spuren ihrer Füße hier im Sand gelassen. Manche Spuren führen nebeneinanderher. Manche Fußspuren überkreuzen sich. Andere treffen direkt aufeinander.

Jeder von uns hinterlässt in seinem Leben Spuren, und diese Spuren berühren die anderen Menschen. So wie die Spuren im Sand.

Manchmal nebeneinanderher.

Manchmal kreuzen sich unsere Wege und gehen wieder auseinander.

Manchmal berühren wir uns ganz nah.

Jede Spur und jeder von uns ist wertvoll.

Für uns und für die anderen.

Spuren im Sand.

Nimm das Bild der Spuren im Sand mit zurück – zurück auf deinen Platz.

Die innere Sonne

Wenn du magst, schließe gerne deine Augen.

Stell dir vor deinem inneren Auge eine Sonne vor. Eine wunderbar helle warme Sonne.

Sie ist direkt vor dir und leuchtet dich an.

Lass die Sonne auf die Mitte deines Bauches – auf dein Sonnengeflecht scheinen.

Stell dir vor, dass die wunderbar warmen Sonnenstrahlen direkt in dein Sonnengeflecht hineinscheinen.

Die warme Sonne – die wunderbar hellen Sonnenstrahlen.

Lass die Strahlen in dich hinein scheinen.

Verbinde dich nun mit deinem Atem.

Stell dir vor, dass du durch dein Sonnengeflecht einatmest und darüber die Sonnenstrahlen aufnimmst. Über den Ausatem kannst du dir vorstellen, dass sich die Sonnenstrahlen in deinem Körper verteilen.

Vielleicht kann das ein Kreislauf werden: du atmest durch dein Sonnengeflecht die Sonne ein und lässt die Sonne beim Ausatmen durch deinen Körper fließen.

Mach das ein paar Atemzüge lang – in deinem Atemrhythmus, der in diesem Moment passend für dich ist: sanft fließend – flach oder tief – so wie dein Körper es nun braucht.

Sonne einatmen – Sonne verteilen – ausatmen.

In deinem Rhythmus.

Einatmen – die Wärme der Sonne in dich aufnehmen.

Ausatmen – die Wärme der Sonne in dich verteilen.

[längere Pause]

Beende die Beobachtung des Atems.

Lenke die Aufmerksamkeit auf dein Sonnengeflecht – auf deine innere Sonne.

Vielleicht kannst du dir vorstellen, dass du in dir eine warme strahlende hellgelbe Sonne hast.

Diese hellgelbe Sonne darf in dir strahlen.

Strahlend.

Stell es dir vor, wie sie in deinem Bauchraum strahlt – und stell dir auch vor, dass sie nach außen strahlt.

Und spüre einmal: Wie weit nach außen möchtest du strahlen?

Jeder von uns hat ein inneres Strahlen, das in die Welt gehen darf. Und du entscheidest, wie weit das Strahlen in diesem Moment gehen darf.

Vielleicht strahlt deine Sonne ein bisschen – direkt vor dir. Dann genieße es so.

Vielleicht strahlt sie noch weiter nach vorne, und du öffnest dich der Welt ein wenig mehr.

Vielleicht strahlst du in den gesamten Raum, in dem du bist.

Vielleicht überstrahlst du den gesamten Ort, in dem du bist.

Spüre einmal, wie weit dein Strahlen heute geht.

Alles ist wunderbar, so, wie es in diesem Moment ist.

Dein Strahlen – für dich und für die Welt.

Lass die Sonne weiter strahlen und fühle zum Mittelpunkt deiner inneren Sonne.

Tauche tief in deine innere Sonne hinein.

Du kannst gewiss sein, dass sie nach außen strahlt, und gleichzeitig kannst du tief in deine innere Sonne hinein sinken.

Deine innere Sonne hat einen inneren Kern, der noch strahlender und leuchtender ist. Vielleicht hat der Kern auch eine andere Farbe – schau hin.

Und dann tauche in diese Farbe ein. In die Farbe deines inneren Kerns.

Vielleicht kannst du dir vorstellen, dass sich dein ganzes Sein in den Kern zurückzieht. Und du kannst es dir in diesem Kern gemütlich machen.

Nun lausche, schaue und spüre. Vielleicht entstehen hier in deinem inneren Kern – in deiner inneren Sonne Geräusche oder Bilder oder ein Gefühl.

Spüre – was entsteht in deiner inneren Sonne?

In deinem inneren Kern ist etwas, was dich zum Strahlen bringt – was dich antreibt. Was tief in dir steckt und vielleicht nach draußen kommen möchte.

Vielleicht ist es noch ein geheimer Schatz.

Spüre dorthin.

Was erscheint dort?

Und dann verweile hier für einen Moment in der Stille.

[längere Pause]

Was ist das innere Strahlen? Dein innerer Kern in der Sonne?

Ein Gefühl – ein Bild – ein Geräusch. Einfach spüren.

Lenke nun die Aufmerksamkeit wieder zurück auf deinen Körper. Auf deinen ganzen Körper.

Nimm deinen Körper wahr. Spüre zu den Füßen – Beinen – Armen – Händen – Oberkörper – Kopf.

Nimm nun gleichzeitig die Verbindung zu deiner inneren Sonne wahr und verbinde dich gleichzeitig mit deinem Körper. Es ist Eins.

Dein Körper kann dir dabei helfen, die Dinge ins Leben zu bringen, die in deiner inneren Sonne schlummern.

Es braucht nichts Großes zu sein – manchmal sind es die kleinen Dinge des Lebens, die in uns schlummern und nach draußen möchten.

Lenke die Aufmerksamkeit nun auf deinen Atem. Und komme über den Atem wieder nach außen.

Nimm dein inneres Strahlen mit nach außen, wenn du die Augen öffnest.

Herzlich Willkommen zurück.

Meditation zur Freude

Diese Meditation ist sehr lang und auf eine halbe Stunde ausgelegt. Du kannst sie natürlich sinnvoll abkürzen, da sie verschiedene Elemente der Freude enthält.

Lass dich von deiner Ruhe in eine Welt gleiten – in eine Welt der Phantasie. Stell dir vor, du stehst am Ufer eines kleinen Flusses. Die Sonne scheint und es ist wunderbar warm. Spüre die Wärme der Sonne auf deiner Haut.

Es kann sich wunderbar anfühlen – hier am Ufer des Flusses.

Das Wasser des Flusses ist flach, und du kannst die vielen Steine am Grund erkennen. Sanft und gemächlich fließt das Wasser über die Steine hinweg. Du kannst dem sanft fließenden Wasser zuschauen.

Das Wasser fließt an diesem wunderschönen Fluss. Die Bäume und Sträucher ringsherum sind herrlich grün. Es ist ein wunderschöner Sommertag.

Du kannst dem sanft fließenden Wasser zuschauen.

Fließend.

Sanft fließend.

Das Licht der Sonne glitzert im fließenden Wasser – wie funkelnde Edelsteine. Es sieht wunderschön und friedlich aus.

Vielleicht kannst du spüren, dass du hier an einem friedlichen – fast magischen Ort bist.

Das fließende Wasser – die glitzernde Sonne im Wasser – ein wunderschöner Ort.

Du kannst deinen Blick über den Fluss schweifen lassen.

Durch den Fluss führen ein paar größere Steine. Du kannst näher an das flache Ufer herantreten und dir die Steine anschauen. Sie sind flach, stabil und trocken.

Wenn du magst, kannst du auf den ersten Stein gehen. Es ist leicht, und du bist hier sicher.

Du kannst weitergehen – von Stein zu Stein über den Fluss hinweg. Du kannst gehen oder auch springen – wie ein Kind, das über den Fluss hüpft.

Von einem Stein zum anderen.

Bis zum gegenüberliegenden Flussufer.

Von Stein zu Stein.

Du bist nun angekommen auf der anderen Seite des Flusses. Schau gerne noch einmal zurück zum sanft fließenden Wasser mit den Steinen und der glitzernden Sonne.

Der Fluss sieht von dieser Seite ganz anders aus – immer noch wunderschön, sanft fließend und friedlich.

Du kannst dich nun hier auf dieser Seite umschauen.

Auf den Boden direkt vor dir haben Kinder ein Hüpfekästchen mit Kreide auf den Boden gemalt. Vielleicht lassen die bunten Kästchen mit den Zahlen eine Erinnerung entstehen.

Vielleicht erinnerst du dich an Kinder, die über die Zahlen hüpfen. Vielleicht hast du es auch selbst als Kind gemacht.

Erinnere dich daran, und wenn du magst, hüpfe von einer Zahl zur anderen. Du kannst mit beiden Füßen oder auch mit einem Fuß hüpfen. Du kannst auch wechseln.

Hüpfe von Zahl zu Zahl. Wenn du am Ende angekommen bist, dann drehe dich um und hüpfe wieder zurück.

Spüre die Aktivität in deinem Energiekörper. Du kannst hüpfen und springen – so wie es für dich passt.

Mit kinderleichter Energie. Springen und hüpfen.

Vielleicht entlockt es dir auch ein Lächeln, dass du hier am Flussufer hüpfst und springst.

Wunderbar leicht und spielerisch.

Voller Freude kannst du hüpfen und springen. Vielleicht geht es auch in ein Tanzen über.

Bewege innerlich deinen Energiekörper. Tanze und springe, wohin du möchtest. In der Nähe gibt es eine wunderschöne Wiese, über die du springen und tanzen kannst.

Tanze mit deinem Energiekörper. Du kannst dich so bewegen, wie du möchtest: in die Luft springen und leicht tanzen.

Spüre dabei diese kindliche Energie, die aus dem Springen und Tanzen entstehen kann.

Die kindliche Energie, die Freude in dir entstehen lassen kann.

Spüre die Freude.

Fühle Leichtigkeit im Springen und im Tanzen.

Kindliche Energie.

Freude.

Und Leichtigkeit.

Auf dieser wunderschönen Wiese am Flussufer in der Sonne. Du kannst dich auch immer mal wieder der Sonne öffnen und dein Herz weiten - die Freude und in die Sonne in deinen Körper einladen.

Spüre die Aktivität deines Energiekörpers.

Nun kannst du langsam zur Ruhe kommen.

Vom Tanzen zum Schwingen.

Vom Schwingen zur Ruhe.

Spüre in deinen Körper – in deinen Energiekörper. Vielleicht ist dein Energiekörper ein wenig außer Atem gekommen, und du spürst die Lebensfreude in dir.

Spüre die Freude dieser Aktivität.

In dir.

Spüre dich.

Spüre deinen Körper.

An einer Stelle auf der Wiese findest du eine wunderbare Sitzgelegenheit. Schau dich einmal um: vielleicht steht dort eine Bank oder ein Baumstamm oder ein großer Stein in der Sonne.

Du kannst zu diesem Platz gehen und es dir dort gemütlich machen.

Setze dich an deinen Platz und komm an deinem Platz an.

Nach der Aktivität kannst du nun die Ruhe in dir spüren. Spüre einmal, dass dein Körper ruhiger und ruhiger wird.

Du kannst mehr und mehr in dir ankommen.

Spüre tief in deinen Körper hinein und nimm einmal einen Ruhepunkt wahr – einen Punkt, an dem du Ruhe und auch innere Freude spüren kannst.

Eben haben wir die aktive, kindliche Lebensfreude gespürt – nun kannst du die ruhige, eher leise Freude in dir spüren. Vielleicht ist es ein warmes Gefühl im Bauch – vielleicht ist es ein Fließen im Herzen – vielleicht etwas anderes.

Spüre in dich hinein und nimm ein feines Gefühl der Freude wahr.

Tauche in dieses Gefühl ein.

Tiefer und tiefer.

Sanfte Freude.

Freude in dir.

Wenn du magst, kannst du dieses Gefühl der Freude mit einer Farbe oder auch einem Bild verbinden. Etwas, was dir Freude bereitet, kann nun vor deinem inneren Auge entstehen.

Schau hin. Welche Farbe – welches Bild entsteht?

Deine Farbe – dein Bild der inneren Freude.

Tauche in die Farbe – in das Bild hinein. Nimm es mit all deinen Sinnen wahr: du kannst anschauen – berühren – es kann dich berühren – vielleicht hat es auch einen bestimmten Geruch oder Geschmack – oder du hörst etwas.

Was ist, was dir tiefe innere Freude bereitet?

Vielleicht wirst du auch überrascht. Nimm das erste Bild, das kommt.

Das Bild deiner inneren Freude.

Hier auf der Wiese, auf der du es dir in der Sonne gemütlich gemacht hast – dort, wo der sanfte Fluss weiter fließt.

Zu diesem Fluss kannst du einmal hinschauen. Auf der anderen Seite des Flusses erscheint eine Person, die dir fröhlich zuwinkt und sich auf den Weg zu dir macht.

Schau hin, welche Person dort erscheint. Es ist eine Person, die du kennst und die du sehr gerne magst.

Und ihr freut euch, dass ihr euch hier an diesem Fluss trefft.

Die Person kommt über die Steine im Wasser durch den Fluss zu dir herüber.

Ruhig und gemächlich kommt sie zu dir und lacht dich an. Wer ist es, der dir dort entgegen kommt?

Du siehst, dass die Person etwas in den Händen hält. Es ist ein Geschenk für dich – ein kleiner Blumenstrauß.

Die Person winkt mit dem Blumenstrauß und kommt weiter auf dich zu.

Sobald sie vor dir steht, schenkt sie dir den kleinen wunderschönen Blumenstrauß. Nimm die Freude über ein Geschenk wahr.

Ihr könnt euch zur Begrüßung in die Arme nehmen.

Spüre die Berührung mit dieser Person.

Vielleicht kannst du die Freude, die zwischen euch entsteht, wahrnehmen.

Vielleicht ist ein Fließen zwischen euren Herzen – die fließende Freude zwischen Menschen.

Zwischen dieser Person und dir.

Und ihr könnt nun beide Platz nehmen an diesem schönen Ort. Lasst euren Blick schweifen: über die grüne Wiese, über den Fluss, über die grünen Bäume und Büsche, und über allem scheint die wunderbare warme Sonne vom blauen Himmel.

Vielleicht wollt ihr über etwas sprechen - über ein Thema, das euch Freude bereitet. Vielleicht ist es einfach schön, die Gemeinsamkeit am Fluss zu genießen.

Spüre, was fühlt sich für dich mit dieser Person an?

Ein Quell der Freude.

Vielleicht kannst du wahrnehmen, dass sich die Freude mit einem Menschen anders anfühlt als die Freude, die du eben tief in dir gespürt hast.

Es gibt so viele wunderbare Facetten der Freude. Wir brauchen nur die Aufgaben aufhalten und die Momente der Freude entdecken.

Die Freude in der Aktivität.

Die Freude in der Ruhe.

Die Freude über ein Geschenk – den Blumenstrauß.

Die Freude mit dieser Person.

Spüre für einen Moment die Freude.

Wunderbare Freude.

(Längere Pause)

Tiefe Freude.

Fließende Freude.

Du sitzt gemeinsam mit einem lieben Menschen in der Sonne am Fluss.

Es wird nun langsam Zeit, zurückzukommen.

Du kannst dich von der Person und von dem Ort verabschieden.

Und nimm die wunderbaren Gefühle der Freude zurück – zurück in deinen Raum, in dem du jetzt bist. Zurück in deinen Körper.

Nimm die Freude mit zurück.

Komm behutsam und langsam in deinen Körper zurück. Füll deinen Körper wieder vollständig aus.

Nimm die Freude mit in deinen Alltag und erinnere dich an die innerliche Freude – jedes Mal, wenn du es benötigst.

Ich bin – Ankommen in dir

Lenke die Aufmerksamkeit auf deinen Atem. Nimm ein paar bewusste Atemzüge in deinem Tempo.

Schenke dem Einatem deine Aufmerksamkeit.

Der Einatem schenkt uns Energie. Fühle das.

Nimm die Energie in deinen Körper auf und verteile mit dem Ausatem die Energie in dir.

Einatmen – Energie aufnehmen.

Ausatmen – Energie im Körper verteilen.

Lenke die Aufmerksamkeit nun auf deinen Herzraum. Lenke die Energie des Einatem in deinen Herzraum und verteile mit dem Ausatem die Energie in deinem Herzen – in dir.

Komm mit jedem Atemzug mehr und mehr in deinem Herzraum an.

Wir unternehmen nun eine kleine Phantasiereise. Stell dir einmal vor, du stehst auf einer wunderschönen grünen Wiese. Die Sonne scheint, und es ist angenehm warm.

Vielleicht kannst du das weiche Gras unter deinen Füßen spüren.

Fühle das Gras.

Und dann schau dich einmal um. Auf der Wiese liegen ein paar bunte Bänder.

Diese Bänder kannst du aufheben.

Wenn du magst, kannst du dich zusammen mit den Bändern auf der Wiese bewegen. Du kannst über die Wiese gehen, du kannst tanzen, springen oder dich drehen.

Die wunderschönen bunten Bänder fliegen luftig leicht durch die Luft.

Du kannst dir die fliegenden Bänder anschauen. Aus den Bändern fliegen kleine Herzen. Sie fliegen wie kleine Seifenblasen durch die Luft. Je mehr du die Bänder fliegen lässt, desto mehr Herzchen fliegen durch die Luft. Sie fliegen in alle Richtungen – immer weiter und weiter.

Vielleicht sind die Herzen in bunten Farben – vielleicht in deiner Lieblingsfarbe. Alles ist möglich.

Lass die Herzen fliegen.

Du kannst dich sanft drehen und die Herzen in alle Richtungen fliegen lassen.

Fliegende Herzen.

Du kannst sie überall verteilen.

Vielleicht kannst du dir auch vorstellen, dass die Herzen direkt aus deinem Herzraum in alle Richtungen fliegen.

Verteile die Herzen aus dir.

Manche Herzen fliegen auch wieder zu dir zurück, und du kannst sie in dir aufnehmen.

Verteile Herzen.

Nimm Herzen auf.

Herzen aus dir.

Herzen in dir.

Wundervoll.

Du kannst die Herzen in die ganze Welt verteilen.

Und du kannst Herzen aus der ganzen Welt in dich aufnehmen.

Komm nun langsam auf der Wiese wieder zur Ruhe.

Lenke die Aufmerksamkeit auf dein Innerstes.

Spüre in dir.

Vielleicht kannst du ein Jubilieren – ein Schwingen in dir wahrnehmen.

Spüre tief.

Komm in dir an. In deinem natürlichen Sein.

Vielleicht magst du dir sagen: Ich bin!

Ich bin.

Komm nun mit diesem Gefühl deines Seins – deines ‚Ich bin' langsam und behutsam wieder nach außen.

Nimm einmal deinen Atem wahr. Deinen fließenden Atem. Über den Atem können wir auch im Alltag jederzeit zu unserem natürlichen Sein zurückkehren.

Mit diesem Wissen nimm deinen Körper wahr. Beginne dich behutsam zu bewegen. Mach all die Bewegungen, die sich jetzt gut anfühlen.

Du füllst deinen Körper wieder vollständig aus.

Wenn du soweit bist, öffne deine Augen und sei zurück im Hier und Jetzt.

Herzlich Willkommen zurück.

Ein magischer Ort auf Lanzarote

Wir unternehmen nun eine kleine Phantasiereise. Stell dir einmal vor, du stehst auf Lanzarote – zwischen den sanften Hügeln der Vulkane. Du kannst weit über die Landschaft schauen.

Du kannst über schwarze Vulkanhügel schauen und dazwischen hellgelber Sand und grüne Sträucher. Besondere Pflanzen wachsen hier.

In der Ferne kannst du das Meer sehen – das wunderschöne blaue Meer.

Du stehst vor dem Eingang zu einer Höhle. Am Eingang wachsen wunderschöne grüne Pflanzen. Es sieht wunderschön und sehr einladend aus.

Wenn du magst, kannst du zum Eingang der Höhle gehen. Ein kleiner Pfad führt in die Höhle hinein. Du kannst über den Pfad in die Höhle gehen – der Pfad, der tiefer in die Höhle hineinführt. Es ist hier wunderbar hell, und du kannst den Weg gut erkennen.

Geh über den Pfad in die Höhle hinein – mit den hohen Decken und den wunderschönen Felsformationen. Wunderschöne Steine in verschiedenen Farben – braun, grau, aber auch weiß, rosa und grünlich. Wunderschön, was die Natur hier entstehen lassen hat.

Es ist wunderbar warm in der Höhle.

Du kannst dich auf dem Pfad weiter nach unten bewegen.

Vorbei an weiteren Felsen.

Schließlich bist du unten angekommen und der Weg wird etwas breiter. Du kannst über eine Brücke gehen, die hier unten angelegt ist.

Du gehst vorbei an weiteren wunderschönen Steinformationen, die von der Decke hängen oder von unten nach oben gewachsen sind.

Vielleicht spürst du die Wärme der Höhle und auch einen besonderen Geruch, der angenehm ist.

Du kannst nach vorne schauen. Weiter vorne in der Höhle kannst du ein gelbes und türkisfarbenes Licht erkennen. Du kannst dich auf dieses Licht zu bewegen.

Du kannst weiter auf das Licht zugehen.

Du siehst, dass es weiter hinten in der Höhle leuchtet – es sieht fast magisch aus. Das Licht spiegelt sich.

Du kannst über einen kleinen Pfad weiter auf das Licht zugehen.

Und du siehst, wenn du weiter auf das Licht zugehst, dass dort ein unterirdischer See ist. Das Licht spiegelt sich im Wasser. Es sieht wunderschön aus.

Du kannst näher an das Wasser herantreten, und du entdeckst, dass ein kleines Boot am Ufer auf dich wartet. Du kannst das Boot betreten. Das Boot ist sicher und trägt dich.

Mach es dir auf dem Boot gemütlich.

Sobald du sitzt, setzt es sich in Bewegung und fährt dich über den unterirdischen See.

Genieße die Fahrt über den unterirdischen See – weiter zum Licht, das gelb und türkis leuchtet und sich im kräuselnden Wasser spiegelt.

An weiteren wunderschönen Felsformationen vorbei.

Genieße die Bootsfahrt – sanft und leicht.

Deine Reise mit dem Boot durch die Höhle.

Wenn du auf die andere Seite schaust, kannst du am anderen Ufer eine Person stehen sehen. Die Person lächelt und winkt dir fröhlich zu.

Das Boot gleitet sanft über den See zum Ufer. Und du kannst die Person erkennen, die dort steht. Vielleicht kennst du diese Person – vielleicht ist es eine unbekannte Person – vielleicht ist es auch ein Lichtwesen, was dort steht.

Du bewegst dich mit dem Boot leicht auf die Person zu. Sie hat auf dich gewartet.

Schau einmal, wer dort steht und dich begrüßt.

Hier unten an diesem magischen Ort.

Das Boot legt am anderen Ufer an. Du kannst aussteigen und die Person auf deine Weise begrüßen. Hier auf dieser Seite gibt es eine Sitzgelegenheit, und ihr könnt es euch gemütlich machen.

Vielleicht wollt ihr nebeneinander sitzen und auf den See schauen.

Vielleicht setzt ihr euch so, dass ihr euch anschauen könnt.

Ihr könnt euch an den Händen halten oder mit ein bisschen Abstand sitzen – so, wie es für dich in diesem Moment gut und richtig ist.

Vielleicht genießt ihr für einen Moment das Beisammensein – vielleicht entwickelt sich ein Gespräch zwischen euch.

Tauche ein in die Gemeinschaft mit dieser Person – mit diesem Wesen.

An diesem magischen Ort.

Tauche ein – in die Gemeinschaft.

Tauche ein ins Fühlen oder ins Gespräch.

Die Person – das Wesen, mit dem du hier zusammen bist, ist deine innere Weisheit.

Vielleicht hat die Weisheit eine Botschaft für dich, die du mitnehmen kannst.

Lausche – fühle deine Weisheit.

Ihr könnt euch nun voneinander verabschieden. Du kannst dich weiter auf den Weg machen. Verabschiedet euch voneinander.

Nimm die Erkenntnisse der Begegnung tief in deinem Herzen auf und mit.

Nimm sie mit, wenn du dich weiter auf den Weg machst.

Du kannst den Weg weiter entlang gehen. Die Höhle hat hier einen Ausgang. Und du kannst über den Weg aus der Höhle heraus in das Sonnenlicht treten.

Von diesem magischen Ort in die Sonne – in das Licht.

Vielleicht magst du dich dem Licht öffnen.

Vielleicht magst du die Sonne tief in dein Herz aufnehmen.

Du kannst deinen Blick schweifen lassen. Du siehst das Meer und durch das Vulkangestein kannst du zum Strand gehen. Hier ist ein wunderschöner weißer Strand mit ein paar schwarzen Vulkansteinen.

Vielleicht magst du auch durch den Sand laufen und dich freuen, dass du an einem so schönen Ort bist.

Öffne dein Herz der Sonne und dem Strand und erfreue dich daran, dass du hier bist.

Ein wunderschöner lichtvoller Strand mit der Weite des Meeres.

Öffne deinen Blick und lass ihn über das Meer gleiten.

Vielleicht magst du dein Herz auch der Weite des Meeres öffnen.

Es ist wunderschön, wie die Wellen am Strand auslaufen.

Vielleicht spürst du auch die weiße Gischt, die immer mal wieder in dein Gesicht kommen kann.

Wenn du magst, suche dir einen schönen Platz hier am Strand und lege dich dorthin.

Genieße für einen Moment, dass du hier am Strand liegst.

Einfach genießen.

Vollmond am See

Wir unternehmen nun eine kleine Phantasiereise. Stell dir einmal vor, es ist eine wunderschöne laue Sommernacht. Es ist Vollmond. Du stehst am Rande eines großen Sees im Wald.

Du stehst auf einer Lichtung im Wald und schaust auf den See. Um dich herum ist viel Weite.

Der Vollmond steht groß und hell über dir und scheint auf den See.

Du kannst die Spiegelung auf der glatten Oberfläche sehen.

Rund um den See stehen wunderschöne hohe Bäume. Auch sie werfen ihre Schatten auf den See.

Wenn du magst, kannst du dich ans Ufer des Sees setzen.

Schau einmal, ob es dort einen schönen Platz für dich gibt: eine Bank – einen Baumstamm – einen Stein.

Setz dich hin und schau auf den See.

Du kannst den Geräuschen der Nacht lauschen.

Der Wind rauscht leise über das Gras und durch die Bäume.

Der See plätschert sanft.

Die Nachtvögel sind aktiv und singen ihre Lieder.

Lausche einmal.

Lausche den Geräuschen der Nacht: ein Rauschen – ein Plätschern – ein Singen.

Und nun schau wieder auf den See: Am Ufer des Sees steht ein kleines Boot.

Du kannst aufstehen und zum Boot gehen.

Und wenn du magst, kannst du dich in das Boot setzen. Es ist wunderbar leicht, und du bist hier sicher.

Sobald du sitzt, fährt das Boot von allein los. Ruhig, sanft und sicher gleitet es durch das Wasser.

Die Bewegung des Bootes lässt die Spiegelung des Vollmondes auf dem Wasser leicht verschwimmen.

Ein wunderschöner Anblick.

In der Mitte des Sees bleibt das Boot stehen.

Du kannst dich umschauen und die Waldlichtung erkennen, die hohen Bäume und den wunderschönen Vollmond.

Der See ist nun wieder ruhig und glatt, und der Vollmond spiegelt sich erneut im Wasser.

Wenn du magst, kannst du dich ins Boot legen und in den Himmel schauen.

Neben dem Vollmond leuchten auch die Sterne wunderschön hell.

Schau in die die unendliche Weite des Himmels. Der Mond – der hell leuchtende Vollmond – und die unzähligen Sterne.

Je länger du schaust, desto mehr Sterne kannst du leuchten sehen.

Sie leuchten und funkeln am Himmel.

Die unendliche Weite des Himmels und des Weltalls.

Die Weite des Himmels und des Weltalls kann dich magisch anziehen.

Stell dir einmal vor, du öffnest dein Herz der Weite, und du kannst eins werden mit der Weite des Himmels.

Stell es dir vor.

Werde eins mit der Weite.

Werde eins mit dem Himmel – mit den Sternen.

Und fühle die unendliche Weite.

Weite.

Unendliche Weite.

Spüre einmal in dein Herz, das sich vielleicht geöffnet hat. Vielleicht nimmst du neben der Weite auch ein friedliches Fließen in deinem Herzraum wahr.

Lass dich durchfließen von Weite und Frieden.

Lass dein Herz erfüllt sein von Frieden.

Du brauchst es dir nur vorzustellen.

Die Weite.

Und Frieden in deinem Herzen.

Du liegst auf dem Boot im See und schaust in die Weiten des Himmels.

Das Boot schaukelt sanft unter dir und kann dein friedliches Gefühl unterstützen.

Du kannst dich in deinem Boot wieder aufsetzen.

Und du kannst das Leuchten des Vollmonds auf der Seeoberfläche sehen.

Das Boot setzt sich in Bewegung und gleitet sanft über den See.

Der Ort ist nun noch friedlicher und magischer als vorher.

Nimm das wahr.

Du kannst nun das Ufer erkennen – mit der Sitzgelegenheit, auf der du eben gesessen hast. Dort fährt dein Boot wieder hin.

Am Ufer angekommen, kannst du aus dem Boot steigen. Es ist leicht und sicher.

Du stehst nun wieder auf der Waldlichtung mit den Bäumen. Die Nachtvögel singen weiter ihre Lieder und der Vollmond leuchtet strahlend über den See hinweg.

Vielleicht kannst du weiterhin den wunderbaren Frieden und die Weite in dir wahrnehmen.

Und diesen Frieden und die Weite kannst du mit zurücknehmen in den Raum, in dem du bist – in deinen Körper.

Nimm den Boden unter deinen Füßen wahr. Der Boden schenkt dir Frieden.

Nimm deinen Körper wahr. Du füllst deinen Körper nun wieder vollständig aus.

Fühle noch einmal in dein Herz. Vielleicht magst du deine Hände auf dein Herz legen und dich daran erinnern, dass du in deinem Herzen Weite und Frieden gespürt hast.

Komm mit diesem Gefühl nach Weite und Frieden mehr und mehr nach außen.

Herbst

Quirliges Leben am Baumstamm

Wir unternehmen eine kleine Phantasiereise. Stell dir vor, du stehst auf einem kleinen Pfad in einem wunderschönen Wald. Es ist ein herrlicher Herbsttag, und die Sonne scheint angenehm warm vom Himmel. Vielleicht kannst du die Wärme auf deiner Haut spüren.

Die Bäume, Sträucher und Büsche leuchten noch in einem kräftigen Grün des beginnenden Herbstes. Vielleicht kannst du den Geruch nach Holz und Tannennadeln wahrnehmen.

Nimm den wunderbaren Waldgeruch in dich auf.

Du kannst den Pfad, auf dem du stehst, entlang gehen. Vorbei an den Bäumen, Sträuchern und Büschen.

Am Wegesrand liegt ein wunderschöner alter Baumstamm. Du kannst stehen bleiben und dir den Baumstamm genauer anschauen. Er ist mit herrlich grünem Moos überzogen.

Wenn du magst, kannst du näher an den Baumstamm herangehen und über das weiche Moos streichen. Es ist von der Sonne angewärmt und auch der Holzstamm kann sich wunderbar warm und angenehm anfühlen.

Vielleicht möchtest du dich auf den Baumstamm setzen. Du kannst die Füße auf dem Waldboden lassen oder auch auf den Baumstamm stellen.

Nimm Kontakt zum Baumstamm auf. Über den Baumstamm können wir uns mit dem Waldboden verbinden. Der Waldboden schenkt uns Frieden und Erdung.

Verbinde dich mit dem Boden.

Vielleicht kannst du über den Kontakt mit dem Baumstamm und dem Waldboden Erdung und ein friedliches Gefühl wahrnehmen.

Spüre Frieden.

Spüre Erdung.

Wenn du magst, kannst du dich einmal umschauen. In den Bäumen um den Baumstamm herum sitzen kleine Vögel und die Eichhörnchen springen umher.

Ein wunderbar fröhliches Leben herrscht dort.

Eins der kleinen Eichhörnchen ist neugierig und hüpft vom Ast herunter. Langsam nähert es sich deinem Baumstamm. Es schaut dich mit seinen kleinen schwarzen Augen fröhlich an. Du kannst es auch anschauen.

Du kannst die Freude in seinen Augen blitzen sehen.

Das kleine Eichhörnchen wird mutiger und hüpft vor dir auf den Baumstamm. Behutsam läuft es über das Moos, bis es direkt vor dir zum Sitzen kommt.

Du kannst nun erkennen, dass das Eichhörnchen eine kleine Nuss bei sich hat. Es legt die Nuss vor sich ab und schaut dich weiterhin neugierig und fröhlich an.

Vielleicht kannst du die Freude des Eichhörnchens spüren und auch in dich aufnehmen. Du kannst die Freude in dein Herz aufnehmen.

Das Eichhörnchen stupst die Nuss an, und sie rollt zu dir. Wenn du magst, kannst du sie auch anstupsen, und die Nuss rollt zurück. Ihr könnt euch die Nuss ein paar Mal hin und her rollen. Mit viel Freude. Es sieht so herzerfrischend aus, wenn das kleine Eichhörnchen die Nuss anstupst.

Schließlich bleibt die Nuss vor dir stehen und das Eichhörnchen hüpft vom Baumstamm herunter. Es schaut dich ein letztes Mal mit blitzenden Augen an.

Du kannst die Nuss an dich nehmen.

Lenke nun die Aufmerksamkeit in dein Herz und öffne dich der Freude des kleinen Spiels.

Du kannst die Freude und Lebenslust in deinem Herzen spüren.

Freude im Herzen. Spüre die Freude.

Die Freude im Herzen.

Du sitzt weiterhin auf dem Baumstamm mit dem wunderschönen Moos, und die Sonne wärmt dich. Vielleicht magst du mal nach oben schauen.

Zwischen den hohen grünen Bäumen kannst du den blauen Himmel mit einer paar weißen Wolken erkennen.

Vielleicht möchtest du dich auch auf den Baumstamm legen und deinen Blick in den Himmel gleiten lassen.

Beobachte die Wolken, die über dich hinweg segeln.

Der Himmel schenkt uns Weite und Freiheit. Stell dir die grenzenlose Freiheit des Himmels vor.

Du kannst dich mit der Freiheit des Himmels verbinden.

Öffne dich dem Himmel.

Öffne dich der Freiheit – während du auf dem Baumstamm liegst.

Die segelnden Wolken.

Der Himmel.

Die Freiheit.

Freiheit im Himmel.

Freiheit in dir.

Du kannst nun alles gleichzeitig spüren:

Die Erdung über den Boden.

Die Freude im Herzen.

Die Freiheit im Himmel.

Erdung.

Freude.

Freiheit.

Ein wundervolles Gefühl.

Erdung über den Boden.

Freude im Herzen.

Freiheit im Himmel.

Drei Qualitäten für dein Leben: Erdung – Freude – Freiheit.

Mit diesen Gefühlen kannst du nun langsam wieder zurückkommen. Zurück in den Raum, in dem du bist.

Lenke die Aufmerksamkeit auf deinen Körper. Nimm deinen Körper wieder vollständig wahr.

Spüre zu deinem Atem und komm über den Atem langsam zurück in die Bewegung. Mach all die Bewegungen, die sich jetzt gut für dich anfühlen.

Erinnere dich noch einmal an die Qualitäten der kleinen Reise: Erdung – Freude – Freiheit. Nimm alle drei mit zurück – in den Raum und auch mit in deinen Alltag.

Wenn du dich im Alltag unsicher fühlst, dann spüre zur Erdung über den Boden.

Wenn du dich grundlos traurig fühlst, erinnere dich an die Freude des Eichhörnchens.

Wenn du dich eingeengt fühlst, fühle die Freiheit über den Himmel.

Öffne die Augen, sobald es für dich passt.

Herzlich Willkommen zurück.

Im Gleichgewicht – Meditation zur Tag-Nacht-Gleiche

Wir unternehmen eine Phantasiereise. Stell dir vor, du stehst auf einer wunderschönen Bergwiese. Es ist früher Abend an einem Tag im Spätsommer – Frühherbst. Es ist der Tag der Tag-Nacht-Gleiche.

Die Sonne steht schon etwas tiefer und taucht die Landschaft in ein wunderschönes Licht.

Es ist angenehm warm. Vielleicht kannst du die Wärme des Restsommers auf deiner Haut spüren.

Wenn du magst, nimm die Wärme des schwindenden Sommers in dich auf.

Du kannst dich hier einmal umschauen. Du stehst auf einer saftig grünen Wiese. Auf der Wiese stehen vereinzelt ein paar Bäume. Ein Weg schlängelt sich über die Wiese an den Bäumen vorbei. Der Weg führt zu einer kleinen Berghütte in der Ferne.

Im Hintergrund kannst du eine Bergkette erkennen. Auf den Spitzen der Berge liegt Schnee.

Am blauen Himmel schweben einzelne Wolken vorbei.

Es ist ein wunderbar friedliches Bild – hier auf der Bergwiese.

Wenn du magst, kannst du ein bisschen über die Wiese gehen. Spüre das grüne Gras, das ebenfalls von der Sonne aufgewärmt ist, unter deinen Füßen. Vielleicht bist du barfuß unterwegs und nimmst die Wärme und das Gras wahr.

Du kannst dich umschauen. Auf der Wiese in etwas Entfernung grast eine Herde Pferde. Sie grasen friedlich. Es sind wunderschöne Pferde,

Ihr Fell ist braun, schwarz und weiß. Sie heben sich wunderschön vor dem grünen Gras und der Bergkette im Hintergrund ab.

Wenn du magst, kannst du ein bisschen näher herangehen. Die Pferde sind wunderbar lieb.

Manche Pferde sind fast einfarbig – manche in verschiedenen Farben gefleckt.

Sie sind wunderschön und grasen friedlich.

Es sind anmutige und stolze Tiere.

Du kannst noch näher herangehen. Du bist hier sicher.

Eins der Pferde hebt langsam seinen Blick und schaut dich mit seinen ruhigen braunen Augen an. Du kannst spüren, dass das Pferd auf dich gewartet hat.

Du kannst dich langsam auf das Pferd zu bewegen.

Das Pferd ist in kastanienbraun – auch die Mähne ist braun.

Vorne auf Stirn und Nase hat es eine weiße Blesse.

Das Pferd schnaubt sanft – fast, als wollte es dir etwas sagen.

Du bist hier sicher und kannst das Pferd streicheln.

Auch die Haut des Pferdes ist wunderbar warm – an diesem Sommerabend.

Du kannst das Pferd am Hals streicheln oder auch sanft über die weiße Blesse streichen.

Es schaut dich weiterhin sanft und friedlich an.

Wenn du möchtest, kannst du auf dem Pferd auch reiten. In der Nähe steht ein Baumstamm, auf den du klettern kannst und dann auf den Rücken des Pferdes. Es ist wunderbar leicht.

Wenn du magst, kannst du dich auf den Hals des Pferdes legen. Spüre den warmen, lebendigen Körper unter dir.

Langsam und behutsam setzt sich das Pferd in Bewegung. Mit sanft schaukelnden Schritten schreitet ihr gemeinsam über die Wiese.

Spüre die Bewegung unter dir.

Sanft schaukelnd von einer zur anderen Seite.

Es darf sich wunderbar leicht und sicher anfühlen.

Schaukelnd.

Sanft.

Von einer Seite zur anderen.

Bewegend und im Gleichgewicht.

Du kannst nun entscheiden, wie schnell du mit deinem Pferd reiten möchtest. Du kannst weiterhin in sanften Schritten über die Wiese reiten oder auch schneller. Nimm das Tempo, das nun zu dir passt.

Wir haben jeder unser eigenes Tempo, um vorwärts zu kommen.

Genieße bewusst dein eigenes Tempo.

Schritt für Schritt geht es über die Wiese – vielleicht über den Weg – vielleicht an der Berghütte vorbei Richtung der Berge.

Dein persönlicher Weg in deinem Tempo.

Es ist wunderbar leicht.

Im Gleichgewicht.

Genieß den Ritt auf deinem Pferd.

Spüre den Wind in deinem Gesicht.

Fühle die Bewegung.

Wunderbar leicht und friedlich.

Gemeinsam bewegt ihr euch durch die wunderschöne Landschaft.

Wenn du deinen Blick hebst, kannst du zwei wunderschöne Bäume in der Nähe erkennen.

Ihr reitet auf die beiden Bäume zu.

Es sind wunderschöne alte Bäume mit dicken, stabilen Stämmen. Die kräftigen Zweige sind über und über mit grünen Blättern bedeckt. Die Zweige hängen bis fast auf den Boden herab.

Der Platz unter den Bäumen sieht wunderbar einladend aus.

Dein Pferd bleibt direkt vor den Bäumen stehen, und du kannst vom Rücken auf die Erde rutschen.

Du kannst deinem Pferd noch einmal in die sanften Augen schauen.

Vielleicht hat dein Pferd eine Botschaft für dich, wie du das Gleichgewicht mehr in dein Leben einladen kannst. Schau deinem Pferd in die Augen und lausche.

Lausche der Botschaft.

Höre deinem Pferd zu.

Du kannst dich nun von deinem Pferd verabschieden.

Es dreht sich um und läuft zurück zu seiner Herde.

Von den Bäumen hast du einen wunderbaren Blick über die Landschaft. Du erkennst, dass du in der Nähe der Berghütte bist.

Langsam neigt sich der Tag dem Ende zu. In der Berghütte sind die Lichter eingeschaltet. Es sieht sehr gemütlich aus.

Du kannst noch eine Weile hier bei den Bäumen bleiben.

Suche dir einen gemütlichen Platz, auf den du dich hinlegen kannst.

Wenn du magst, kannst du dich nun auch tatsächlich hinlegen.

Du kannst deine Reise auf dich wirken lassen. Der Himmel wird langsam dunkler und verfärbt sich in wunderschönen Farben.

An diesem Abend mit Tag-und-Nacht-Gleiche.

Tag und Nacht gleich.

Das Leben im Gleichgewicht.

Spüre dem Gleichgewicht ein paar Momente lang nach.

Dankbarkeit zum Erntedank spüren

Stell dir vor, du stehst auf einem wunderschönen Herbstmarkt. Die warme Herbstsonne scheint, und die bunten Stände leuchten in der Sonne.

Auf diesem Markt wird das Erntedankfest gefeiert. Du kannst zwischen den Ständen hindurchschlendern und die reich gedeckten Tische anschauen.

Ein Tisch ist besonders wunderschön gedeckt mit den Gaben der Natur: mit Äpfeln, Birnen, Trauben, Kürbissen in kräftigen Orangetönen, Weizenähren – und auch frisch gebackenem Brot, das herrlich duftet.

Ein wunderschöner Anblick.

Diese Gaben aus der Natur wurden uns geschenkt, weil wir sie gesät haben und über das Jahr hinweg gehegt und gepflegt haben.

Zum Erntedank dürfen wir die Gaben dankbar annehmen.

Spüre in dich hinein.

Vielleicht kannst du diese Dankbarkeit in dir spüren.

Wir alle haben etwas, das wir in die Welt gebracht haben, wir gesät und gepflegt haben und das Früchte hervorgebracht hat.

Spüre einmal, was du in die Welt gebracht hast – was du gesät und gepflegt hast und welche Früchte es hervorgebracht hat.

Für welche Früchte in deinem Leben möchtest du in diesem Moment dankbar sein?

Spüre, wofür du dankbar bist. In diesem Moment.

Was hast du in die Welt gebracht?

Wofür bist du dankbar?

Stell dir nun vor, dass die Dankbarkeit wie ein warmer Fluss durch deinen Körper fließen kann.

Die Dankbarkeit darf dich durchdringen und durchfließen.

Ein warmer Strom der Dankbarkeit.

Warm.

Wunderbar warm kann dich die Dankbarkeit durchfließen.

Nimm die Dankbarkeit wahr.

Nimm nun das Gefühl der Dankbarkeit mit nach außen und in deinen Alltag. Wir dürfen uns regelmäßig daran erinnern, was wir bereits in unser Leben gebracht haben und dafür dankbar sein. Dankbar sein für das, was gerade ist.

Farbenfroh

Wir unternehmen nun eine Phantasiereise. Stell dir einmal vor, du stehst in einem wunderschönen Herbstwald. Es ist ein warmer Tag und die Sonne leuchtet vom Himmel.

Die Sonnenstrahlen treffen auf die wunderschönen bunten Farben der Bäume: dunkles Rot, kräftiges Gelb, strahlendes Orange, intensives Grün.

Du kannst dich einmal umschauen – ein besonders schöner alter Baum steht in deiner Nähe.

Du kannst zu diesem Baum hingehen und – wenn du magst – die dicke alte Rinde des Baumes berühren.

Spüre die Rinde unter deinen Fingern.

Ein wunderbarer alter Baum, der schon viele, viele Jahre hier steht und jedem Wetter trotzt.

Fühle die raue Rinde mit ihren Erhöhungen und Vertiefungen.

Spüre den alten Baum mit seiner langen Geschichte.

Der Baum trägt über und über herrlich bunte Blätter, die in der Sonne leuchten.

Es weht ein leichter Wind. Der Wind weht durch die Blätter und einige fallen sanft zu Boden.

Du kannst dir die Blätter am Boden anschauen, und wenn du magst, kannst du einige der Blätter aufheben. Es sind wunderschöne große Blätter mit gezackten Rändern in den allerschönsten Farben.

Einige der Blätter sind noch in einem dunklen grün, einige haben sich bereit gelb und orange gefärbt. Dazwischen kannst du knallrote Blätter erkennen, und ein paar Blätter haben eine wunderschöne rostfarbene Farbe angenommen.

Du kannst die Blätter aufheben und zu einem bunten Strauß in deiner Hand zusammensetzen.

Ein wunderschöner bunter Strauß.

Schau dir den herrlich bunten Strauß an.

Der bunte Strauß kann dir Fröhlichkeit schenken.

Du kannst die Farben in dein Herz aufnehmen und Fröhlichkeit spüren.

Spüre in dein Herz und nimm hier die bunte Fröhlichkeit wahr.

Ein bunter Strauß an Fröhlichkeit.

Es wird nun langsam Zeit, zurück zu kommen – du kannst das Gefühl der bunten Fröhlichkeit mit zurück auf deine Matte und zurück in deinen Alltag nehmen.

Friedvolle Momente am Fluss mit Wasserfällen

Stell dir vor, du stehst auf einer kleinen Anhöhe mit einem herrlichen Blick über ein Tal mit einem Fluss. Der Fluss ist sehr breit und führt durch grüne Wiesen sanft bergab.

Du kannst den Blick schweifen lassen. Das Wasser fließt in mehreren Kaskaden – mit vielen kleinen Wasserfällen herab. Im Hintergrund sind sanfte grüne Hügel und weiter hinten weiße Gletscher zu sehen, die den Fluss mit Wasser speisen.

Ein wunderbar friedlicher Ort.

Es ist ein angenehm warmer Herbsttag, und die Sonne scheint über die wunderschöne Landschaft. Vielleicht spürst du die Wärme der Sonne auf deiner Haut.

Wenn du magst, kannst du näher an den Fluss herangehen. Du kannst zu der Stelle mit den vielen kleinen Wasserfällen gehen.

Als du näher herangehst, kannst du das Wasser rauschen hören. Das Wasser fließt über dunkle Steine und ergießt sich in einer weißen Gischt.

Ein wunderschönes Bild: blauer Himmel – grüne Wiesen – dunkle Steine – das Blau und Weiß des Wassers.

Am Ufer stehen wunderschöne lilafarbenen Blumen, die in der Sonne leuchten. Es sieht wunderschön aus.

Du kannst näher an das Ufer herantreten. Am Flussufer liegen viele große Steine.

Du kannst dir einen Stein aussuchen und dich hinsetzen.

Lass deinen Blick über das Wasser gleiten.

Lausche dem Wasser – dem fließenden Wasser.

Vielleicht spürst du die Kühle des Wassers in deinem Gesicht.

Genieße diesen Moment.

Ein unendlicher Strom von Wasser ergießt sich vor deinen Augen. Ein Fluss – ein friedlicher Lebensfluss.

Sanft und leicht fließt das Wasser an diesem friedlichen Ort.

Es ist ein friedlicher – fast magischer Ort. Und es ist ein alter Ort, an dem schon vor vielen Jahren die Menschen gesessen und den kleinen Wasserfällen zugeschaut haben. Vermutlich haben hier früher am Fluss Kinder gespielt. Vielleicht haben die Menschen hier die Wäsche gewaschen – in dem wunderbar klaren Wasser.

Vielleicht hast du Lust, deine Hand ins Wasser zu halten. Es ist kaltes Gletscherwasser. Du kannst diese Kühle aufnehmen und spüren.

Stell dir einmal vor, wieviele Menschen hier schon gesessen haben, das kühle Wasser gespürt und den Frieden wahrgenommen haben.

Und nun sitzt du hier an diesem Ort. Wenn du magst, kannst du in dein Herz spüren und das sanfte Fließen und den Frieden in deinem Herzen aufnehmen.

Öffne dich dem sanften Fließen.

Öffne dich der friedlichen Landschaft.

Lass den Frieden tief in dein Herz – in dein Sein hineinsinken.

Lass deinen Blick weiterschweifen – von den kleinen Wasserfällen fließt das Wasser weiter bergab. Der Fluss verliert sich in der grünen Landschaft.

Verfolge den Fluss mit deinen Augen. Sanft und friedlich durch die Landschaft.

Wenn du magst, kannst du nun von deinem Stein aufstehen und ein Stück am Fluss entlang gehen. Das Wasser des Flusses begleitet dich. Sanft fließt das Wasser über alle Steine hinweg. Ganz leicht.

Und auch du kannst über die Steine, die vielleicht auf deinem Weg sind, hinweg gleiten.

Geht ein Stück am Fluss entlang – achtsam und aufmerksam. Vielleicht siehst du die lilafarbenen Blumen am Rand. Vielleicht spürst du die Gischt der kleinen Wasserfälle – vielleicht die Wärme der Sonne. Oder vielleicht auch die Magie und den Frieden dieses wunderbaren Ortes.

Lass diesen Frieden tief in dein Herz hineinsickern.

Spüre den Frieden für ein paar Augenblicke.

Stell dir vor, dass sich der Frieden aus deinem Herzen in deinen gesamten Körper ausbreiten kann – in jede deiner Zellen.

Spüre den Frieden.

Nimm dieses wunderbar friedliche Bild in deinem Herzen mit – tief in deinem Herzen. Nimm es mit, wenn du nun langsam wieder zurück kommst.

Wohlgefühl im Herbst

Wenn du magst, schließe gerne deine Augen.

Lenke die Aufmerksamkeit auf deinen Körper.

Nimm deinen ganzen Körper wahr von den Füßen bis zum Kopf.

Spüre einmal, ob du noch kleine Bewegungen machen möchtest, so dass du gemütlich sitzt.

Tauche nun tiefer in deinen Körper ein. Spüre ihn.

Unser Körper ist die Wohnung für unsere Seele. Spüre das für einen Moment.

Beobachte deinen Körper.

Über den Atem schenken wir unserem Körper Energie. Lenke die Aufmerksamkeit auf deinen Atem. Lass deinen Atem sanft fließen.

Lenke die Aufmerksamkeit auf den Einatem.

Beobachte, an welchen Stellen du den Einatem wahrnehmen kannst – an der Nase, in der Kehle, im Brust- oder Bauchbereich?

Nimm die Energie des Atems an diesen Stellen wahr.

Lenke die Aufmerksamkeit nun auf deinen Ausatem. Über den Ausatem kannst du loslassen.

Spüre, wie du mit dem Ausatem mehr und mehr bei dir in deinem Körper ankommen kannst.

Lass noch ein kleines Stückchen mehr los.

Lass los.

Wir unternehmen nun eine kleine Reise. Stell dir einmal vor, du sitzt in einem gemütlichen Zimmer auf einem Sessel direkt vor dem Fenster. Es ist Herbst. Draußen regnet und stürmt es.

In deinem Raum ist es warm und kuschelig. Im Kamin knistert ein Feuer. Vielleicht hast du eine kuschelige Decke und einen warmen Tee. Es ist so richtig gemütlich.

Du kannst durch das Fenster nach draußen schauen. Draußen sind Bäume und Sträucher, die sich im Wind hin und her bewegen. Die bunten Blätter fallen von den Bäumen.

Der Regen trifft auf das Fenster, und die Regentropfen laufen die Scheibe herunter.

Du bist in deinem Raum sicher und kannst dem herbstlichen Treiben draußen zuschauen.

An deinem warmen Platz.

Spüre die wohlige Wärme.

Kuschelig warm.

Genieße diesen friedlichen Moment. Draußen regnet es, und drinnen ist es warm und trocken.

Lenke deine Aufmerksamkeit einmal auf dein Innerstes.

Suche auch in dir nach einem wohligen und friedlichen Punkt.

Tauche tief in dich ein.

Zu deinem friedlichen Punkt.

Wohlig – friedlich.

Ein Wohlgefühl.

Du kannst dieses Wohlgefühl größer werden lassen und in dir ausbreiten.

Stell es dir einfach vor.

Das Wohlgefühl wird größer und hüllt dich von innen und außen vollständig ein.

Genieße dieses Gefühl für ein paar kostbare Augenblicke in Stille.

Es wird nun langsam Zeit, zurückzukommen. Lenke die Aufmerksamkeit auf deinen Atem. Nimm das sanfte Fließen deines Atems wahr.

Spüre die Energie, die der Atem schenkt.

Lass die Energie in deinen Körper fließen.

Komm über die Energie des Atems sanft in die Bewegung.

Bewege die Finger und Zehen.

Die Hände und Füße.

Lass die Bewegungen größer werden. Recke und strecke dich.

Komm zurück in den Raum, in dem du bist.

Herzlich Willkommen zurück.

Herbstspaziergang – Rückzug in dein Innerstes

Wir unternehmen nun einen kleinen Spaziergang. Stell dir einmal vor, du stehst in einem wunderschönen Wald mit vielen Bäumen. Es ist schon recht kühl und ein leichter Nieselregen hat eingesetzt.

Du bist warm eingepackt und hast einen großen bunten Regenschirm dabei, der dich vor dem Regen schützt.

Vor dir breitet sich der Waldweg aus. Auf dem Boden liegen viele bunte Blätter. Die Bäume ringsherum sind schon fast kahl – nur noch wenige Blätter hängen an den Zweigen.

Du kannst spüren, dass der Winter sich ankündigt. Vielleicht kannst du die kühle nasse Luft an deinem Gesicht spüren.

Spüre die Kühle des Herbstes, der sich zum Winter hin neigt.

Du kannst den Weg ein Stück entlang gehen. Vielleicht kannst du das Rascheln der Blätter auf dem Weg hören und spüren.

Lausche und spüre.

Der Weg wird schmaler und führt zwischen den Bäumen tiefer in den Wald hinein. Du kannst vertrauensvoll weitergehen – du bist hier sicher.

Geh weiter in den Wald hinein und folge dem kleinen Pfad.

Der Pfad führt zu einer kleinen Lichtung.

Auf dieser Lichtung steht eine Bank – geschützt von einem kleinen Dach. Du kannst dich auf die Bank setzen und den Regenschirm neben dir ablegen.

Schau dich auf der Lichtung um. Überall stehen große und kleine Bäume, die fast ihr gesamtes Laub abgeworfen haben.

Schau dich um.

Die Bäume bereiten sich auf den Winter vor, indem sie ihre Blätter verlieren. Sie lagern das Chlorophyll ein und schützen so ihren Wasserhaushalt.

Sie ziehen alle wichtigen Nährstoffe in den Stamm und die Wurzeln ein.

Die Bäume ziehen sich in sich zurück.

Auch wir Menschen können den herannahenden Winter dazu nutzen, dass wir uns in uns zurückziehen.

Wir können wieder mehr und mehr bei uns und in uns ankommen.

Spüre in dein Herz und deinen Bauch hinein.

Du kannst dich mehr und mehr in dich zurückziehen.

Fühle einmal, was das für dich bedeutet.

Der Rückzug in dein Innerstes.

Zieh dich in dein Innerstes zurück und spüre.

Vielleicht nimmst du ein Gefühl des Ankommens wahr.

Ein Gefühl des Nachhausekommens – in dir.

Ein Besinnen auf dich.

Du sitzt auf der Bank im Wald und bist in dein Innerstes versunken.

Du kannst nun aufstehen und noch ein bisschen weitergehen.

Es hat aufgehört, zu regnen, und die Sonne lugt ein wenig hinter den Wolken hervor. Du kannst dein Gesicht der Sonne entgegenstrecken und die letzten warmen Sonnenstrahlen des Herbstes in dich aufnehmen.

Spüre die warme Sonne in deinem Gesicht.

Nimm die letzten Geschenke des Herbstes in dich auf und bereite dich auf den Winter vor. Nimm bewusst den Übergang zum Winter wahr.

Nimm dieses Bewusstsein nun mit nach außen und komm langsam wieder nach außen.

Winter

Reise in den Rückzug

Stell dir einmal vor, du stehst vor einem großen Platz, auf dem ein wunderschöner Weihnachtsmarkt aufgebaut ist. Es ist bereits dunkel, und die Lichter funkeln.

Es ist wunderbar friedlich. Die Menschen schlendern von einem Stand zum anderen.

In der Luft liegt der süße Geruch von Weihnachtsplätzchen.

Nimm diesen Geruch in dich auf.

Wenn du magst, kannst du zwischen den wunderschönen Weihnachtsbuden herumschlendern.

Es gibt Stände mit

bunten Weihnachtskugeln,

mit glitzernden Lichterketten,

Holzspielzeug,

herrlichen Schokoladenkreationen,

niedlichen Stofftieren

und wundervoll leuchtenden Sternen.

Vielleicht gibt es einen Stern, der besonders schön aussieht. Vielleicht in deiner Lieblingsfarbe. Er hängt an dem Stand und leuchtet dich an. Du kannst gerne etwas näher herangehen und dir den Stern etwas genauer ansehen.

Er ist wunderschön.

Leuchtend.

Strahlend.

In deiner Lieblingsfarbe.

Und du kannst weitergehen. Weiter entlang an den Ständen. Es gibt auch einen Stand mit wunderschönen Tannenbäumen – kleinen und großen. Es ist ein wunderschöner Weihnachtsmarkt.

Und alles sieht wunderbar und strahlend aus.

Alle Menschen sind friedlich und schlendern ebenfalls zwischen den Buden umher. Manchmal bleiben sie stehen, schauen sich etwas genauer an und gehen weiter.

Auch du kannst noch weiter gehen.

Auf der anderen Seite des Weihnachtsmarktes steht eine große begehbare Pyramide aus Holz. Du kannst zu dieser Pyramide hingehen.

Wenn du davor stehst, kannst du mal nach oben schauen und siehst, dass sich oben die Figuren drehen. Sie ist über und über mit Lichtern bedeckt. Es sieht wunderschön aus vor dem dunklen Abendhimmel.

Du entdeckst vorne den Eingang und kannst über die Holzstufen nach oben gehen. Hier ist es ruhig.

Und während du nach oben gehst, werden die Geräusche des Weihnachtsmarktes leiser und leiser. Du gehst die Stufen nach oben.

Es wird stiller und leiser.

Oben angekommen, kannst du dir einen schönen Platz suchen, von dem aus du das bunte Treiben für ein paar Momente anschauen kannst.

Ab und an kommt ein lautes Lachen an dein Ohr. Ansonsten ist es hier oben angenehm ruhig und still.

Du hast hier deine Ruhe.

Genieße diese Ruhe für einen Moment.

Das Treiben des Weihnachtsmarktes unten – du stehst darüber in der Ruhe – mit Abstand.

Genieße die Ruhe.

Diese wunderbare Ruhe.

Vielleicht spürst du jetzt auch den angenehmen kühlen Wind auf deiner Haut. Du bist warm eingepackt, und in deinem Gesicht weht ein leichter Wind. Es kann sich sehr angenehm anfühlen.

Hier oben auf der Pyramide kannst du mit Abstand auf die Welt schauen.

Genieße für einen Moment den Abstand und die Ruhe.

Die Ruhe vor der Welt.

Ganz wunderbar. Hier oben auf der Pyramide.

Herrliche Ruhe.

Einfach mal Abstand.

Du kannst dich von dem Anblick auf die Welt – auf den Weihnachtsmarkt lösen und auf der Pyramide ein Stück weiter gehen.

Auf der anderen Seite gibt es eine weitere Treppe, die hinter den Weihnachtsmarkt führt. Du kannst diese Treppe heruntergehen und einen Weg entlang gehen.

Gehe die Treppe hinunter und den Weg entlang.

Der Weg ist hell beleuchtet mit Kerzen links und rechts.

Der Weg führt direkt auf eine kleine Kapelle zu.

Auf dem Weg sind Kieselsteine, und du kannst das Geräusche deiner Schritte auf dem Kiesel hören.

Lausche deinen Schritten.

Gehe achtsam.

Du bewegst dich Schritt für Schritt auf die kleine Kapelle zu.

Aus den Fenstern leuchtet wunderschön warmes Licht, und du kannst dich magisch angezogen fühlen. Es sieht wunderbar und friedlich aus.

Die Tür der kleinen Kapelle steht weit auf, und du kannst das Licht stärker leuchten sehen.

Gehe weiter auf die Kapelle zu – auf die Tür.

Du kannst durch die Tür in die kleine Kapelle gehen.

Schau dich einmal um.

Hier brennen Lichter, und es ist wunderbar still und warm und schön. Die Menschen sitzen schweigend und meditierend auf ihren Plätzen.

Du kannst dich umschauen. Vorne in der Kapelle gibt es Kerzen. Es sind wunderschöne bunte Kerzen. Wähle eine Kerze in deiner Lieblingsfarbe aus oder in der Farbe, die dir nun in den Sinn kommt.

Nimm die Kerze und entzünde sie an einer der Kerzen, die dort stehen und brennen.

Entzünde die Kerze.

Und dann nimm diese Kerze und suche dir einen Platz in der Kapelle.

Schau einmal, wo du sitzen möchtest: vorne oder hinten – an der Seite oder in der Mitte – in der Nähe der anderen Menschen oder mit Abstand.

Wähle den Platz, den du jetzt brauchst. Mit dem Abstand, den du brauchst – mit der Ruhe, die du brauchst.

Setze dich auf diesen Platz.

Vor dir gibt es eine Möglichkeit, die Kerze abzustellen. Stell die Kerze dorthin.

Schau dir die Kerze nun einmal genau an: die wunderschöne Farbe der Kerze, das wunderbar flackernde Licht. Es tanzt fröhlich und sieht wunderschön aus.

Schau deine Kerze an.

Diese Kerze – sie leuchtet für dich.

Leuchtet und strahlt nur für dich. Deine Kerze.

Und diese Kerze kann bis in dein Innerstes leuchten.

Vielleicht kannst du es dir vorstellen: Du sitzt mit deinem Herzen vor der Kerze, und dein Herz wird von außen beleuchtet. Angeleuchtet.

Das Licht kann dein ganzes Herz zum Leuchten bringen.

Stell es dir vor, wie dein Herz beginnt, zu leuchten und zu strahlen.

Dein Herz leuchtet von allein, indem du dich mit der Kerze verbindest.

Und vielleicht kannst du noch tiefer in dein Innerstes eintauchen.

Stell dir dein leuchtendes Herz in deiner Brust vor.

Und tauche in dein Herz ein.

Vielleicht kannst du dir auch vorstellen, dass du in deinem Herzen eine kleine Tür öffnest und dort hineingehst.

Und auch die Kerze ist in deinem Herzen, und leuchtet das Herz von innen aus.

Wenn du magst, kannst du in deinem Herzen ein bisschen herumwandern.

Vielleicht magst du es von innen ausleuchten – in jede Ecke deines Herzens kannst du gehen und es ausleuchten.

Stell es dir einfach vor.

Deine Kerze leuchtet dein Herz aus.

Vielleicht kannst du es dir auch in deinem Herzen gemütlich machen. Vielleicht gibt es dort einen gemütlichen Platz, an dem du dich niederlassen kannst.

Und dann: Höre für einen Moment deinem Herzen zu. Vielleicht hat es eine Botschaft für dich – ein Bild, einen Satz oder ein Geräusch.

Spüre und lausche zu deinem Herzen – für einen Moment in Stille.

[längere Pause]

Lausche deinem Herzen.

Vielleicht gibt es auch ein Geschenk in deinem Herzen. Etwas, was du mitnehmen kannst.

Nimm das Geschenk mit – aus deinem Herzen in die Kapelle zurück, in der du sitzt auf deinem Platz.

Ganz behutsam bist du wieder auf deinem Platz.

Um dich herum sitzen die anderen Menschen in tiefer Meditation – in tiefer Kontemplation. Tief versunken in ihr eigenes Betrachten.

So wie du: du hast dein Herz von innen betrachtet.

Du bist immer noch in der wunderschönen kleinen Kapelle. Es ist wunderbar still hier.

Und während du so in diese Stille lauschst, hörst du einen wunderschönen Chor, der langsam beginnt, zu singen. Leise. In einer Melodie, die aus deinem Herzen kommt.

Lausche dem Chor. Lausche der Musik aus deinem Herzen.

Deine innere Musik – deine innere Melodie.

Wunderbar.

Du sitzt weiter in der Kapelle mit der Kerze und lauschst der Melodie aus deinem Herzen.

Wenn du magst, kannst du die Kerze auch mitnehmen – mit nach draußen nehmen.

Mach dich auf den Weg nach draußen. Aus der Kapelle heraus.

Schau dir die Kapelle noch einmal von außen an – mit den wunderschön leuchtenden Fenstern und der Tür.

Vielleicht gehen nun andere Menschen in die Kapelle, um dort ihren inneren Frieden zu finden.

Du kannst das Gefühl aus der Kapelle mit nach außen nehmen.

Und auch die Erlebnisse aus dem Herzen – dein Geschenk. All das darfst du mitnehmen.

Es ist tief in dir drin, und du darfst es mit nach außen nehmen.

Spüre auf den Platz, auf dem du sitzt.

Nimm den Boden unter dir wahr. Vielleicht berührst du ihn mit deinen Füßen, deinen Beinen, deinem Gesäß.

Nimm die Verbindung zu deiner echten, physischen Welt wieder wahr.

Komm langsam und behutsam aus der Welt in deinem Herzen in die Welt von deinem Körper.

Spüre für einen Moment beides gleichzeitig. Vielleicht magst du auch deine Hände auf dein Herz legen.

Spüre: Dein Herz in dir und dein physischer Körper.

Ihr seid eine Einheit: Du, dein Herz und dein Körper. Ihr gehört zusammen.

Mit dem Herzen können wir lieben – mit dem Herzen können wir sehen.

Vielleicht hast du auf der Reise etwas gesehen, was du nun mit in deinen Alltag nehmen möchtest.

Und dann komm langsam und achtsam zurück in den Alltag.

Herzlich Willkommen zurück.

Das Licht der Hoffnung

Meditation zum 1. Advent. Vorab gerne eine Kerze bzw. die erste Kerze auf dem Adventskranz anzünden.

Schau einmal auf die Kerze – auf das flackernde Licht.

Wenn du magst, kannst du die Augen nun sanft schließen.

Stell dir das flackernde Licht der Kerze vor deinem inneren Auge vor: der Docht in der Mitte und das helle Licht drumherum.

Das Licht der Kerze kannst du in dein Inneres aufnehmen.

Spüre dafür zu deinem Brustkorb und verbinde dich mit deinem Atem. Du kannst mit dem Atem deinen Brustkorb öffnen. Wenn wir einatmen, öffnet sich der Brustkorb – ganz sanft.

Atmen – den Brustkorb öffnen.

Mit jedem Einatem.

Du kannst dich dem Licht der Kerze öffnen.

Spüre weiter zu deinem Atem. Fühle die Öffnung des Brustkorbes.

Öffne dich über den Atem mehr und mehr der Kerze des 1. Advent.

Mit dem 1. Advent starten wir in eine Zeit der Hoffnung und der Erwartung. Der Hoffnung auf eine bessere Zeit - der Erwartung auf Weihnachten.

Für die Hoffnung können wir bei uns beginnen.

Spüre dafür in deinen Herzraum hinein. Über die Atmung haben wir unseren Brustbereich etwas geöffnet. Und vielleicht kannst du dir vorstellen, dein Herz ein bisschen mehr zu öffnen.

Stell es dir einfach vor: Du öffnest dein Herz – zu der Kerze der Hoffnung.

Öffne dich dem Licht der Kerze.

Öffne dich der Hoffnung.

Spüre tiefer in dein Herz hinein. Wie fühlt es sich für dich an, wenn das Licht der Hoffnung auf dein Herz trifft?

Versuche, es nicht zu bewerten – sondern spüre es.

Stell dir vor, das kleine Licht schenkt dir Hoffnung. Vielleicht kannst du dich der Hoffnung öffnen und sie tiefer in deinem Herzen spüren.

Vielleicht bleibst du auch etwas weiter außen vor. Es ist deine Entscheidung. Es ist alles gut, so wie es in diesem Moment ist.

Du kannst gewiss sein, dass das Licht der Hoffnung weiter leuchtet.

Vielleicht ist es ein kleines Licht – vielleicht wird das Licht auch größer.

Lass das Licht der Hoffnung dein Herz berühren und beleuchten.

Lenke die Aufmerksamkeit tiefer in dein Herz. Vielleicht kannst du dich noch weiter öffnen und berühren lassen.

Spüre.

Weite und öffne dich.

Und wenn du magst, kannst du auch der Welt Hoffnung schenken. Vielleicht kannst du dir vorstellen, dass du an deiner Kerze der Hoffnung weitere Kerzen anzündest.

Und mit diesen Kerzen kannst du in die Welt hinausgehen.

Spüre einmal in deinem Herzen, ob es Personen gibt, denen du eine Kerze der Hoffnung schenken möchtest.

Du kannst das Licht in die Welt bringen und damit die Hoffnung.

Schau einmal, wer vor deinem inneren Auge erscheint und wem du ein Licht schenken kannst. Vielleicht sind es mehrere Menschen – vielleicht ist es eine Person. Und wenn in diesem Moment niemand erscheint, ist das auch gut.

Die Hoffnung darf wachsen, in dem Maße, in dem es aktuell passt.

Das Licht der Hoffnung leuchtet und darf weiter getragen werden, wenn du magst.

Wenn du das Licht der Hoffnung weiter getragen hast, kannst du wieder in deinem Innern ankommen. Spüre in dein Herz – spüre in deinen Bauch.

Spüre tief in dein Innerstes.

Werde zum Beobachter deines Innersten.

Wir bleiben für einen Moment in der Stille und beobachten unser Innerstes.

[längere Pause von 1-2 Minuten]

Werde immer mal wieder zum Beobachter deines inneren Seins, damit du dein inneres Licht entdecken und vergrößern kannst.

Wenn du das Gefühl hast, das innere Licht leuchtet nicht, dann mache dir eine kleine Kerze an und denke daran, dass es die Kerze der Hoffnung ist.

Besonders jetzt in der Adventszeit – aber auch dann, wenn du es brauchst. Ein kleiner Moment der Hoffnung.

Lenke die Aufmerksamkeit zurück auf deinen Atem. Nimm das sanfte Fließen deines Atems wahr.

Vielleicht wirst du dir auch jetzt erst wieder bewusst, dass dein Atem die ganze Zeit da war, und nun spürst du ihn wieder.

Wenn es sich für dich gut anfühlt, dann lege deine Hände auf deinen Brustkorb und spüre zu deinem Atem und zu deinem Herzen.

Das können wir jederzeit spüren: unseren Atem, unser Herz. Und wir können das Licht der Hoffnung in uns wahrnehmen.

Dann komm langsam wieder nach außen.

Wenn du soweit bist, öffne deine Augen.

Herzlich Willkommen zurück.

Deine Seele zwischen Erdung und Hoffnung

Meditation zum 2. Advent: Hoffnung und in Erwartung leben

Wähle eine bequeme Position für deine Meditation. Du kannst liegen oder sitzen.

Spüre zunächst in deinen Körper hinein – wie du liegst oder auch sitzt.

Nimm deine Unterlage wahr. An welchen Stellen des Körpers berührst du die Unterlage?

Über die Unterlage sind wir mit Mutter Erde verbunden. Spüre zu Mutter Erde.

Mutter Erde ist für unseren Schutz und unsere Sicherheit zuständig.

Du kannst dich über deine Unterlagen mit dem Schutz und der Sicherheit verbinden.

Vielleicht kannst du dir auch vorstellen, dass der Schutz und die Sicherheit dich umhüllen können – wie eine warme Decke.

Schutz und Sicherheit dürfen in deinen Körper hineinfließen – über deine Unterlage in deine Füße – deine Unterschenkel – deine Knie – deine Oberschenkel – dein Becken – deinen Bauchraum.

Spüre einmal zu deinem Bauchraum.

 Vielleicht kannst du hier auch eine wohlige Wärme wahrnehmen.

Dann lass den Schutz und die Sicherheit weiter in deinen Körper hineinfließen – bis zu den Schultern. Deine Schultern dürfen nun loslassen.

Schutz und Sicherheit darf deine Arme heruntergleiten – über die Oberarme, die Unterarme bis vorne in deine Hände.

Spüre in deine Hände hinein – in deine Handflächen. Vielleicht kannst du dort ein Kribbeln wahrnehmen.

Eine Energie, die wir in unseren Händen haben.

Vielleicht hast du deine Handflächen nach oben gedreht und sie zeigen zum Himmel. Vielleicht zeigen sie nach unten zur Erde. Du kannst sie so lassen, wie sie sind.

Spüre in deine Hände und nimm sie bewusst wahr.

Erinnere dich daran, wie fleißig deine Hände den Tag über sind. In diesem Moment dürfen sie sich ausruhen.

Die Energie in deinen Händen darf einfach kribbeln, und sie dürfen sich jetzt ausruhen. Sie dürfen nun die volle Aufmerksamkeit bekommen und ruhen.

Lass nun die Ruhe und Sicherheit weiter aufsteigen und lass deinen Kiefer von der Ruhe erfüllt werden.

Lass dein Kiefergelenk bewusst los.

Lass deine Gesichtszüge weich werden.

Und nun – lenke deine Aufmerksamkeit auf die Krone deines Kopfes.

Über die Krone unseres Kopfes können wir uns mit dem Himmel verbinden.

Stell dir vor, dass du innerlich zum Sitzen kommst. Auch wenn du äußerlich liegst.

Stell dir nun vor, dass aus der Krone deines Kopfes ein helles warmes Licht nach oben in den Himmel hineingleitet.

Stell es dir vor.

Du bist zwischen Mutter Erde und dem Himmel.

Über unsere Unterlage – über unseren Körper sind wir mit der Erde – mit der Sicherheit verbunden.

Und über die Krone unseres Kopfes können wir uns dem Himmel öffnen. Der Himmel, der für die Hoffnung, die Erwartung, das Leben steht. Du kannst dich der Hoffnung öffnen.

Du kannst dich mit der Erde verbinden, und gleichzeitig erhebt sich dein Haupt und strebt nach oben. Du wächst nach oben. Über das Wachsen – über das Streben kannst du dich mit dem Himmel – mit dem Universum verbinden.

Spüre das für einen Moment. Wie fühlt sich das an? Verbunden mit der Erde und gleichzeitig dem Himmel geöffnet.

Es darf sich leicht anfühlen.

Du kannst so weit gehen, wie du möchtest. Es ist deine Entscheidung.

Manchmal fühlen wir uns der Erde näher – manchmal fühlt es sich gut an, sich dem Himmel noch mehr zu öffnen. Es ist deine Entscheidung, wie weit du dich öffnen möchtest oder wie weit du am Boden bleibst.

Spüre.

Und nun: Lenke die Aufmerksamkeit auf deine Seele – auf dein tiefes Ich.

Deine Seele – dein tiefes Ich ist dazwischen – zwischen Himmel und Erde. Zwischen der Sicherheit des Bodens und der Hoffnung – der Erwartung des Himmels.

Vielleicht spürst du dein Ich – deine Seele – dein Herz dazwischen. Und du hast die Möglichkeit, dich mit beidem zu verbinden: mit dem Himmel und mit der Erde.

Du bist der wichtige Mensch – das wichtige Ich, das zwischen Himmel und Erde agiert.

Du bist der Schöpfer.

Mit Hilfe der Erde und mit Hilfe des Himmels bist du der Schöpfer deines Lebens.

Erinnere dich stets daran, dass beides für dich da ist: die Hoffnung des Universums und die Sicherheit des Bodens.

Und du der Schöpfer in der Mitte.

Öffne dich dem Himmel – erhebe dein Haupt und gleichzeitig: Verbinde dich mit der Erde.

Spüre für einen Moment in dieses Bild hinein: die Erde – das Universum und deine Seele dazwischen.

Genieße dieses Bild – dieses Gefühl für einen Moment in Stille.

[längere Pause]

Spüre noch einmal den Boden mit der Sicherheit – den Himmel mit der Hoffnung und deine Seele dazwischen.

Nimm diese Vorstellung mit zurück, wenn du langsam und behutsam wieder zurückkommst. Zurück an den Ort, an dem du bist – an dem du liegst oder sitzt.

Spüre zu deinem Körper. Nimm deinen gesamten Körper wahr.

Du füllst deinen Körper wieder vollständig aus.

Herzlich Willkommen zurück.

Den Weg bereiten

Meditation zum 3. Advent

Wir unternehmen nun eine kleine Reise. Stell dir einmal vor, du sitzt in einem Park auf einer Bank vor einem wundervollen alten Baum. Es ist Winter, es hat geschneit, und alles liegt unter einer wunderschönen Schneedecke.

Die Sonne ist hervorgekommen, scheint vom Himmel und wärmt dich. Die Sonne glitzert auf dem Schnee.

Von deinem Platz aus kannst du einen Weg durch den Park sehen. Links und rechts sind schneebedeckte Parkflächen. Der Weg wird gesäumt von einem alten herrlichen Baumbestand.

Die Bäume ragen hoch in den Himmel hinein, und ihre Blätter bilden ein Dach über den Weg. Du kannst von deinem Platz ein Stück des Weges entlang schauen. Der Park ist sehr groß, und in weiter Ferne kannst du einen großen See erkennen.

Das Wasser des Sees glitzert in der Sonne. Vielleicht ist er auch vereist. Das kannst du von deinem Platz aus noch nicht sehen.

Vielleicht möchtest du zu diesem glitzernden See hingehen.

Du sitzt auf der Bank und schaust zu dem See. Du kannst einen Teil des Weges erkennen. Wenn du magst, kannst du zu diesem See gehen und den Weg dorthin entdecken.

Du kannst aufstehen und ein Stück des Weges entlang gehen. Der Weg macht eine Biegung, und du kannst den Weg entlang gehen.

Der Weg macht eine weitere Biegung, und du kannst ein weiteres Stück des Weges überblicken und gehen.

Viele schöne schneebedeckte Bäume säumen deinen Weg, während du dort entlang gehst.

Es ist ein wunderschöner Weg. Schau einmal nach links und rechts, und schau dir die wunderschön verschneiten Flächen und Sträucher an, die dort wachsen. Sie glitzern alle in der Sonne.

Fast sieht es aus wie kleine Diamanten.

Es sieht wunderschön aus.

Du kannst ein Stück weiter und um die nächste Biegung des Weges gehen. Der Weg führt nun über eine kleine Brücke.

Unter der Brücke plätschert ein kleiner Bach. Du kannst auf die Brücke gehen und in der Mitte stehen bleiben.

Du kannst dem Fließen des Baches zuschauen. An den Rändern ist er etwas vereist. Doch in der Mitte fließt das Wasser.

Das Wasser fließt sanft über die Steine am Grund hinweg – unter dem Eis her – neben dem Eis her – ein herrliches Bild.

Wenn du aufblickst, kannst du den See nun schon etwas näher sehen.

Es sieht wunderschön aus mit der glitzernden Sonne auf dem Wasser, und du kannst erkennen, dass sich auf dem Wasser bereits Eisflächen gebildet haben. Dadurch glitzert die Sonne noch mehr – auf dem Wasser und dem Eis. Ein wunderschönes Farbspiel.

Der Weg führt weiter zum See. Er wird schmaler und schmaler. Bis er nur noch ein kleiner Pfad ist.

Der Pfad ist mit Schnee bedeckt. Vielleicht kannst du das Knirschen des Schnees unter deinen Füßen wahrnehmen.

Du kannst weitergehen. Auf dem Pfad sind unter dem Schnee Wurzeln und Steine, und du kannst alle Hindernisse leicht überqueren.

Du kannst behutsam über die schneebedeckten Wurzeln und Steine gehen.

Ein Baumstamm liegt quer über den Pfad. Du kannst darüber hinweg klettern. Auch dieses Hindernis kannst du leicht überwinden.

An einigen Stellen hängen die Büsche mit dem Schnee tief über den Pfad. Vielleicht streifst du einen der Büsche, so dass es auf dich herab schneit.

Du kannst weiter gehen – immer weiter und weiter. Durch den wunderbaren Schnee – über die Hindernisse hinweg.

Du kannst diese Hindernisse überwinden – mit Leichtigkeit und Beharrlichkeit.

Der Pfad wird nun wieder breiter und schöner. Wenn du nun nach vorne schaust, erkennst du, dass du fast am See angekommen bist.

Vielleicht hast du es gar nicht bemerkt – du warst vielleicht so auf den Pfad konzentriert.

Nun stehst du vor diesem wunderschönen großen See.

Die Sonne glitzert weiter auf dem Eis und auf dem Wasser des Sees.

Genieße für einen Moment, dass du den See erreicht hast.

Du kannst für einen Moment stehen bleiben und den See genießen.

Während du hier am See stehst und dir das Glitzern auf dem Wasser und dem Eis anschaust, hörst du hinter dir Schritte.

Du kannst dich umdrehen und siehst weitere Personen über den Pfad zum See kommen.

Du hast ihnen den Weg bereitet. Für diese Personen war es nun leichter, diesen Weg zu gehen. Du bist mutig voran geschritten und hast ihnen den Weg vorbereitet.

Vielleicht gibt es immer mal wieder Situationen in deinem Leben, an denen du voranschreiten kannst – wo du den Weg für andere bereiten kannst.

Vielleicht fällt dir in diesem Moment etwas ein, wo du bereits voran gegangen bist, oder vielleicht bemerkst du es in den nächsten Tagen oder Wochen.

Bleibe achtsam – in diesem Moment und in nächster Zeit.

Du bist ein Wegbereiter.

Mit diesem Gefühl kannst du langsam und behutsam wieder nach außen kommen.

Vorfreude auf Weihnachten

Meditation zum 4. Advent: Die Vorfreude lebendig werden lassen

Lenke die Aufmerksamkeit auf dein Herz. Spüre zu deinem Herzen.

Vielleicht kannst du das gleichmäßige Schlagen deines Herzens wahrnehmen.

Vielleicht fühlt sich in deinem Herzen etwas leicht an.

Spüre zu etwas Leichtem in deinem Herzen.

Und vielleicht kannst du dir vorstellen, dass sich dein Herz ein klein wenig öffnet. Es kann sich öffnen, um die Freude auf Weihnachten aufzunehmen.

Stell es dir einfach vor. Du kannst dein Herz dem Weihnachtsgefühl öffnen.

Wir unternehmen nun eine kleine Reise. Stell dir vor, du wachst bei dir zu Hause auf. Es ist still in deinem Zuhause. Wenn du mit anderen zusammen wohnst, schlafen alle noch.

Nur du bist wach – hellwach. Und du kannst leise aus dem Bett krabbeln.

Du kannst zu einem Raum gehen, in dem du dich besonders wohl fühlst. Vielleicht ist es dein Wohnzimmer – vielleicht ist es auch ein anderer Raum. Bleibe vor der Tür stehen.

Öffne nun behutsam die Tür zu diesem Raum. In diesem Raum steht ein wunderschöner Weihnachtsbaum. Die Kerzen leuchten am Baum. Er ist wunderschön geschmückt in deinen Lieblingsfarben. Über und Über mit Kugeln, Schleifen und Sternen.

Im Hintergrund läuft leise ruhige Musik.

Du kannst in den Raum eintreten – und einen tiefen Atemzug machen. Das Grün des Baumes riecht wunderbar. Du kannst den Geruch des Baumes tief in dich aufnehmen.

Auf leisen Sohlen kannst du zum Weihnachtsbaum gehen.

Und wenn du magst, kannst du dich vor den Baum setzen.

Schau dir diesen Weihnachtsbaum genau an.

Mit den wunderschönen grünen Zweigen – den Lichtern, die sich in den Kugeln spiegeln – die Kugeln in ihren wunderbaren Farben – in deinen Lieblingsfarben – vielleicht sind Schleifen an die Zweige gebunden.

Schau einmal, was du am Baum entdecken kannst.

Und nun schau nach oben – zur Spitze des Baumes. Dort ist ein wunderschöner hellleuchtender Stern. Vielleicht entdeckst du ihn erst in diesem Moment.

Er leuchtet und strahlt.

Das Leuchten und Strahlen wird größer und größer. Und fast sieht es so aus, als würde Licht vom Baum herunter regnen.

Das Licht regnet vom Stern auf dich.

Es ist das Licht der Vorfreude auf Weihnachten.

Stell es dir vor. Das Licht der Vorfreude regnet auf dich hinab.

Vielleicht spürst du, wie das Licht auf deine Haut oder auf deine Kleidung fällt.

Kleine glitzernde leuchtende Punkte des Lichtes überall.

All überall glitzerndes Licht.

Das Licht leuchtet weit in den Raum hinein. Der Raum ist erfüllt vom Glitzern und Leuchten.

Es sieht wunderschön aus. Magisch.

Schau weiter auf den wunderbar leuchtenden Stern.

Der Stern ist voller Magie, und er kann deine innersten Wünsche erfüllen.

Verbinde dich mit deinem Herzen und spüre, welchen innersten Wunsche hast du in diesem Moment.

Was ist ein tiefer innerer Wunsch von dir?

Verbinde dich nun mit dem Stern und erzähle dem Stern deinen innersten Wunsch.

Vielleicht zeigt dir der Stern, wie sich der Wunsch erfüllen kann. Bilder – Ideen.

Bleibe für einen Moment in Verbindung mit dem Stern. Formuliere deinen Wunsch und erhalte Ideen zur Wunscherfüllung zurück.

[längere Pause]

Du siehst weiterhin vor diesem wunderschönen Baum mit dem Stern, der Wünsche erfüllt.

Nimm die Bilder und Ideen und das Gefühl von Weihnachten mit zurück. Zurück in den Raum, in dem du sitzt oder liegst.

Atem – Liebe – Dankbarkeit

Passend zum Jahresabschluss, aber auch eigentlich immer.

Wenn du magst, schließe gerne deine Augen.

Spüre zu deinem Körper. Nimm deinen Körper wahr.

Nimm deine Füße wahr.

Deine Beine.

Und dein Gesäß.

Spüre über deine Füße, deine Beine und dein Gesäß die Verbindung zum Boden. Nimm die Verbindung bewusst wahr.

Lenke die Aufmerksamkeit auf deinen Oberkörper: Schultern – Arme – Hände.

Vielleicht magst du die Schultern bewusst loslassen und nach unten sinken lassen. Entspanne dich.

Komm darüber mehr und mehr auf deinem Platz an.

Wenn du magst, lege deine Hände nun auf deinen Brustkorb und lenke die Aufmerksamkeit auf deinen Atem.

Spüre, wie dein Atem in deinen Körper hineinfließt und wieder herausgleitet.

Nimm deinen Atem bewusst wahr.

Spüre die Atembewegungen.

Spüre die Atembewegungen in dir und unter deinen Händen, wenn du sie auf den Brustkorb gelegt hast.

Nimm die Bewegung deines Atems bewusst wahr.

Spüre zum Atem.

Spüre, wo in deinem Körper nimmst du deinen Atem wahr.

Spürst du unter deinen Händen, im Bauch, vielleicht in den Schultern.

Lass deinen Körper sanft atmen – so wie es jetzt für dich passt und spüre zum Atem.

Wenn es sich für die gut anfühlt, kannst du die Hände auf dem Brustkorb liegen lassen. Ansonsten lege sie in deinem Schoß ab – gerne mit nach oben geöffneten Händen.

Lenke die Aufmerksamkeit erneut auf deinen Atem. Über den Atem können wir unseren Brustkorb öffnen.

Über die Öffnung des Brustkorbes können wir auch unser Herz öffnen.

Vielleicht kannst du es dir vorstellen, dass du über den Atem, über die Bewegung, über die Öffnung des Brustkorbes, dein Herz öffnen kannst.

Vielleicht magst du dein Herz zunächst dir selbst gegenüber öffnen.

Stell es dir einfach vor: Dein Herz öffnet sich für dich.

Mit jedem Atemzug, den du machst, öffnet sich dein Herz für dich.

In unserem Herzen können wir Dankbarkeit fühlen. Vielleicht kannst du in dein Herz eintauchen und dort zu etwas spüren, für das du dankbar bist.

Nimm das Bild, das Gefühl, den Satz, der als erstes kommt, wenn du zu deinem Herzen spürst und dort etwas erscheinen lässt, für das du dankbar bist.

Lass die Dankbarkeit tiefer werden.

Spüre mit tiefstem Herzen die Dankbarkeit.

Für das, was in deinem Herzen entstanden ist.

Spüre die Dankbarkeit.

Und die Dankbarkeit kann mit jedem Atemzug größer und größer werden. Sie darf deinen ganzen Körper ausfüllen – sie darf deinen ganzen Körper umhüllen.

Du kannst mit jeder Zelle deines Körpers Dankbarkeit fühlen – du brauchst es dir nur vorzustellen.

Die Dankbarkeit in deinem Herzen – in deinem Körper und um deinen Körper herum.

Fühle die Dankbarkeit.

Spüre sie für einen Moment in der Stille.

[längere Pause]

In unserem Herzen können wir Dankbarkeit spüren – und wir können in unserem Herzen Liebe spüren.

Liebe für eine Person oder für ein Tier.

Spüre in deinem Herzen, welche Person oder welches Tier dir nun in dein Herz springt, für die oder das du Liebe empfindest.

Tiefe Liebe.

Vielleicht lässt du dich auch überraschen, wer in deinem Herzen erscheint.

Nimm die erste Person – das erste Tier, die oder das dir in deinem Herzen erscheint. Du kannst dir sicher sein, dass diese Person – dieses Tier dir auch Liebe schenken möchte.

Stell dir nun vor, dass ihr beide voreinander sitzt. Vielleicht haltet ihr euch – vielleicht schaut ihr euch in die Augen.

Und dann öffne dein Herz zu dieser Person – zu diesem Tier und schenke ihm deine Liebe. Deine tiefe Liebe – aus tiefstem Herzen.

Vielleicht kannst du es dir auch wie ein Strömen vorstellen. Die Liebe strömt zu deinem Gegenüber.

Lass die Liebe strömen.

Und spüre auch wie die Liebe deines Gegenübers zu dir strömt.

Ein Kreislauf der Liebe – verbunden über die Herzen.

Lass die Liebe strömen und fließen.

Die wundervolle tiefe Liebe.

Genieße das Strömen der Liebe – den Fluss der Liebe für einen Moment in Stille.

Lass die Liebe fließen.

[längere Pause]

Die strömende Liebe.

Es wird nun langsam wieder Zeit zurückzukommen. Du kannst dich von deinem Gegenüber verabschieden und dich für das Strömen der Liebe bedanken.

Du kannst mit der Gewissheit zurückkommen, dass du in deinem Herzen immer wieder diese Liebe und auch die Dankbarkeit spüren kannst.

Jedes Mal, wenn es im Außen trubelig ist – dass du vielleicht deine Energien verlierst, dann erinnere dich daran, dass du über deinen Atem – über die Verbindung zu deinem Herzen Liebe und Dankbarkeit spüren kannst.

Wenn du magst, lege deine Hände erneut auf deinen Brustkorb und spüre zu deinem Atem.

Du kannst nun tiefer einatmen und den ganzen Atemraum ausnutzen. Richtig groß werden – energievoll – kraftvoll.

Wenn du soweit bist, komm wieder nach außen.

Vielleicht magst du die Augen öffnen – dich recken und strecken – dich im Raum umschauen und die Welt neu entdecken.

Herzlich Willkommen zurück.

Im Winter am Strand

Wir unternehmen nun eine Phantasiereise. Stell dir vor, du bist in einer Hütte im Strand. Es ist ein klarer Wintertag am späten Nachmittag, die Sonne scheint und steht schon etwas tiefer.

Du kannst dich in der Hütte umschauen. Der Raum, in dem du stehst, ist gemütlich ein gerichtet: Es steht dort ein Sessel mit einem kleinen Tisch – Im Kamin prasselt ein warmes, gemütliches Feuer – der Boden ist mit dicken, weichen Teppichen ausgelegt.

Du kannst dich zum Fenster drehen und nach draußen schauen. Die Sonne glitzert im Wasser. Es sieht einfach wunderbar aus.

Neben dem Fenster ist eine Tür, die nach draußen auf die Veranda führt, die direkt am Strand liegt. Neben der Tür hängen eine dicke Jacke, ein warmer Schal und eine Mütze. Du kannst dir die Sachen anziehen. Es ist kuschelig warm.

Du kannst durch die Tür auf die Veranda treten. Ein herrlich frischer Wind weht in dein Gesicht.

Du kannst auf die Veranda gehen und über die Veranda auf den Strand.

Es ist ein wunderschöner weitläufiger Strand. Nur wenige Menschen sind an diesem späten Nachmittag noch unterwegs.

Du kannst dich einmal umschauen. Vielleicht gibt es dort jemanden, der auf dich wartet und Lust hat, einen Spaziergang mit dir zu machen.

Gemeinsam macht ihr euch auf den Weg am Strand entlang. Der Sand unter euren Füßen ist wunderbar fest, und es ist leicht, darüber zu gehen.

Ihr könnt zum Wasser gehen und am Wasser entlang gehen.

Das Meer wirft kleine Wellen an den Strand. Du kannst die Wellen, die am Strand auslaufen, beobachten.

Das Meer kann dir Ruhe schenken. Du kannst den Strand entlang gehen und die Ruhe des Meeres aufnehmen.

Gemeinsam geht ihr im Klang des Meeres. Vielleicht kommt ihr ins Gespräch – vielleicht genießt ihr die Ruhe.

Gemeinsam geht ihr am Strand entlang und könnt diese wunderbare Ruhe genießen.

Nach einiger Zeit kommt ihr zu einem Steg, der über den Strand auf die Promenade führt. Ihr könnt dort hoch gehen und auf der Promenade zurück zum Haus gehen.

Langsam setzt die Dämmerung ein. Die Sonne steht tief über dem Meer und zieht wunderschöne rosa Streifen in den Himmel.

Genießt diesen Ausblick, während ihr über die Promenade geht.

Langsam kommt das Strandhaus wieder in euer Blickfeld.

Die Person, die dich begleitet hat, möchte noch weiterziehen. Verabschiedet euch voneinander.

Du kannst ein Stück über den Strand zum Haus gehen und auf die Veranda.

Wenn du möchtest, kannst du von der Veranda erneut auf das Meer schauen.

Die Sonne geht nun unter. Du kannst zuschauen, wie sie langsam im Meer verschwindet.

Du kannst dich zum Haus umdrehen. Das gemütliche Zimmer ist wunderschön beleuchtet mit kleinen Lampen und Kerzen.

Wenn du magst, kannst du das gemütliche Haus betreten, deine Wintersachen ausziehen und es dir auf dem Sessel gemütlich machen.

Nach der Frische draußen ist es hier drinnen besonders gemütlich und friedlich. Du kannst dich nach dem Ausflug ausruhen und erholen.

Du kannst dich umschauen. Auf dem Tisch neben dir steht eine Tasse mit einem dampfenden Getränk – vielleicht ist es ein Kakao oder dein Lieblingstee oder etwas anderes, was du gerne trinkst.

Du kannst das warme Getränk genießen und dabei ins Feuer schauen. Genieße die Wärme – genieße die Erholung.

Vielleicht macht sich eine Zufriedenheit in dir breit. Eine tiefe Zufriedenheit über die Ruhe und die Erholung, die du spüren kannst.

Spüre die Zufriedenheit.

Auf dem kleinen Tisch liegt ein kleines Tagebuch. Wenn du magst, kannst du das kleine Büchlein öffnen. In diesem Buch kannst du weitere Bilder finden, die Zufriedenheit in dir auslösen können.

Öffne das kleine Buch und schau nach.

Was schenkt dir Zufriedenheit?

Vielleicht möchtest du auch etwas notieren, was dir Zufriedenheit schenkt.

Spüre in dich hinein und notiere deine Momente der Zufriedenheit.

Mit diesem Gefühl der Zufriedenheit kannst du langsam und achtsam wieder zurückkommen.

Abschluss & Kontakt

Herzlichen Dank, liebe Leserin – lieber Leser. Ich wünsche dir viel Freude beim Anleiten der Texte und leuchtende Augen bei deinen Teilnehmer-innen.

Ich bin Yogalehrerin und Meditationsleiterin und praktiziere seit 2008 Yoga. Angefangen mit den schönen Texten bin ich an meinen Meditationsabenden in Paderborn. Mittlerweile biete ich auch Onlinekurse, Meditationen in einer Meditations-App und Weiterbildungen für Yogalehrer-innen an.

Ich freue mich über jeden Yogalehrer – über jede Yogalehrerin, die in ihrem Unterricht die schönen Worte verwenden. Dein Feedback ist mir wichtig. Ob als Rezension im Buchhandel oder per E-Mail an buch@w-in-flow.de – ich freue mich über jeden Austausch. Bleibe auch gerne über Facebook und Instagram auf dem Laufenden und begleite mich unter dem Namen winflowpb. Meine Webpräsenz erreichst du unter

www.w-in-flow.de

Trage dich auch gerne in meinen Newsletter ein. Dort verschenke ich regelmäßig Texte, die ich erstellt habe, und informiere dich über meine Aktionen.

Ich freue mich darauf, dich kennen zu lernen.

Namaste.

Deine

Kathrin

Weitere Bücher von Kathrin Wibbing

Schöne Worte im Yogaunterricht

 30 Texte zum Vor- und Selberlesen: Jeder eine kleine Urlaubsreise. Lass dich fallen und genieße einfach: du kannst auf einem Elefanten reiten, im Wasserfall baden, von einem Berg im Himalaya fliegen, eine Lichtkugel durch deinen Körper schicken oder einfach deinen Atem spüren. Die Texte sind entspannend und stärkend zugleich.

ISBN: 978-3-7481-9175-9

Mehr schöne Worte im Yogaunterricht

Tiefgang für deinen Yogaunterricht

Mit den Texten in diesem Buch kannst du deinen Yogaschülern mehr Entspannung und deinem Yogaunterricht mehr Tiefgang geben. Es sind 45 Texte, um den Atem zu beobachten, durch den Körper zu reisen, Meditation zu unterstützen oder gedankliche Reisen zu unternehmen.

ISBN: 978-3-7543-0658-1

Schöne Worte im Yogaunterricht – Band 3

Magie für deinen Yogaunterricht:

Mit den Texten in diesem Buch kannst du deinen Yogaschüler-innen wunderbare Entspannungen und leuchtende Augen schenken. Es sind 30 Texte, um den Atem zu beobachten, durch den Körper zu reisen, Meditation zu unterstützen oder Phantasiereisen zu unternehmen.

ISBN: 978-3-7568-2905-7

Lebe deine Sterblichkeit

Deine eigene Sterblichkeit ist ein wertvoller Schatz, den du für deine Lebendigkeit nutzen kannst. Beschäftige dich mit Hilfe der Infos und den Übungen in diesem Buch mit deiner eigenen Sterblichkeit. Mache dir bewusst, dass unser Dasein endlich ist und genieße dadurch dein Leben intensiver.

In insgesamt elf kurzen Kapiteln bekommst du Informationen und Impulse für dich: Du lernst, was beim Sterben mit dem Körper passiert. Du kannst dich mit der Idee von mehreren Leben beschäftigen und einen Rückblick zu deinem eigenen Leben durchführen. Das Leben ist ein großer Loslassen-Prozess und in verschiedenen Übungen kannst du das ausprobieren. Neben der Rückschau ist auch der Blick nach vorne enthalten: Beschäftige dich damit, was dir wirklich wichtig im Leben ist und welche Visionen du hast; gestalte dein Leben aktiv und entdecke das Wunder in dir. / ISBN: 978-3-7543-5588-6

Alle Bücher gibt es im BoD-Verlag und überall, wo es Bücher gibt.